Moritz/Hartung   Linienspiele

LINIENSPIELE

70 JAHRE MODE IN BERLIN

Mit Zeichenstift und lockerer Feder
beobachtet von Gerd Hartung und Cordula Moritz

edition q

CIP-Titelaufnahme der Deutschen Bibliothek

Linienspiele : 70 Jahre Mode in Berlin ; mit Zeichenstift und lockerer Feder beobachtet / von Gerd Hartung und Cordula Moritz. – Berlin ; Ed. q, 1991

ISBN 3-928024-02-7

NE: Moritz, Cordula; Hartung, Gerd

Quellennachweis

Fotos von Regi Relang: Münchner Stadtmuseum, München.
Fotos von Hubs Flöter: mit freundlicher Genehmigung vom Archiv des „Tagesspiegel", Berlin.

Copyright © 1991 by edition q Verlags-GmbH, Berlin

Dieses Werk ist urheberrechtlich geschützt. Jede Verwertung außerhalb der engen Grenzen des Urheberrechtsgesetzes ist ohne Zustimmung des Verlags unzulässig und strafbar. Das gilt insbesondere für Vervielfältigungen, Übersetzungen, Mikroverfilmungen und die Einspeicherung in elektronischen Systemen.

Satz: av-satz, Berlin
Lithographie: JuP Industrie- und Presseklischee, Berlin
Druck: Kösel, Kempten
Bindearbeiten: Lüderitz & Bauer, Berlin
Printed in Germany

Inhalt

7	Eine Art Vorwort
9	Die vergoldeten Zwanziger
19	Zeit der Braunschleier
31	Na und?
37	Eine neue Frau?
41	Aha, es ist Durchreise
45	Ihr Auftritt, meine Damen!
49	Top Ten
63	Wir hatten zu berichten
70	Top Ten Fortsetzung
77	Intelligenz und Küchenkaros
83	Der Star
90	Madame Chapeau
102	Bei Hofe zugelassen
107	Linienspiele und ein sachtes Ende
113	Mini, Maxi und die 68er plus Punks
118	Es war einmal …
122	Fundgrube für Flitterkram
125	Eine Nase aus Gold
127	Neue Strukturen im Gewebe
136	Dame, Dandy, Discolook
141	Und was trägt eigentlich der Mann?
147	Perspektiven
151	Die Lernenden und ihr Lehrer
158	Alles Theater
168	Der Flaneur und die Perlmuschel

Eine Art Vorwort

„Mode", sagte in einer Diskussion über eben dieses Thema eine italienische Journalistin, „ich weiß nicht, warum hier immer von Mode gesprochen wird. Es ist doch Bekleidung, die hier (und gemeint war Berlin) hergestellt wird. In Rom und in Paris sagt niemand zur Bekleidung Mode."
Recht hatte sie und unrecht hatte sie. An der Definition und genauen Einordnung des Begriffes Mode haben sich schon viele kluge Köpfe versucht, und wenn sie wirklich klug waren, haben sie eingesehen, daß es mit der Mode etwa so ist wie mit der Musik. Kenner, die Bach, Händel und Mozart lieben, vielleicht auch Stockhausen, könnten kühl sagen, Rock und Schlager –, das sei keine Musik. Fragen sie in einer Disco, was Musik ist, werden sie eine heiße Antwort bekommen. Also, auch Mode hat ihre strenge Auslegung, und zwar als das, was in der Luft liegt, gerade geboren wird, von einigen erfinderischen, einfallsreichen und mit ihrem Material, dem Stoff, dichterisch begabten Leuten geschaffen wird. In Paris, in Rom – und diesen Ruhm der originalen Kreativität wird ihnen niemand nehmen wollen. Orthodoxe Anhänger dieses eher esoterischen Begriffes Mode sagen, daß sie es schon nicht mehr sei, wenn sie kopiert und zum Verkauf angeboten werde.
Aber das ist eine Auslegung, die einer strengen Wissenschaft vorbehalten sein sollte. Wie traurig wäre es, wenn sich von Anna bis Zerline die Frauen nur noch mit Bekleidung abgeben dürften, wenn „Mode" zu hochgegriffen wäre für ihren täglichen Umgang mit Mantel und Jacke, Kleid und Rock und Pullover. Nein, Anna und Zerline nehmen das Recht für sich in Anspruch, daß sie Mode kaufen und Mode tragen, und zwar jeweils solange, bis die Regisseure des Linienspiels in Paris und Rom ein neues Stück mit anderen Silhouetten, Farben und Accessoires auf die Bühne gebracht haben. Die Töne stehen gleichberechtigt nebeneinander, der kunstvoll schöpferische Originalton „Mode" und das ins Allgemeingültige übersetzte Echo. Es darf also von Mode gesprochen werden.
Ellenlang ist die Reihe der Bücher, die im Laufe der Kulturgeschichte über die Mode verfaßt worden sind. Auch „Mode in Berlin" war Stoff, Bühnenbild und Dramaturgie mancher Inszenierung zwischen Buchdeckeln. Eine weitere also? Dafür muß es einen Grund geben, eine Motivation. In diesem Fall heißt beides schlicht und einfach ohne falsche Scham BERLIN! Denn

diese Stadt, dieses undurchschaubare, widerspenstige, mit seinen Gegensätzen kokettierende, dieses brillante, armselige, leichtfertige ebenso wie von absoluter Verantwortung durchdrungene, dieses hier heiter und dort dumpf schlagende Herz eines von der Geschichte gebeutelten Landes gibt Stoff für noch unendlich viel mehr Bücher her. Wer immer in dieser Stadt lebt und auch die Zuschauer weltweit wissen mittlerweile, wie unerwartet und mit welchem Tempo Zeitgeschichte rotiert. Welche Anforderungen sie an urbis et orbis, an Städte und Erdkreis stellt. Nicht zuletzt an Berlin, diese Stadt zwischen den Zeiten und den Welten, die ihre Identität wieder einmal zu definieren, zu erarbeiten, zu beweisen hat.

Das innere wie das äußere Bild wird gerade von neuem konzipiert, wird gebaut, wird poliert. Dabei ist die Geschichte des gesamten Ensembles Berlin ebenso wichtig wie das Heute und das Morgen. Und zu dieser Geschichte gehört seit anderthalb Jahrhunderten die Mode als Lebensbasis eines guten Teils der Bevölkerung. Seit im Jahre 1837 in Berlin die Serienherstellung von Bekleidung, also die Konfektion, initiiert wurde. Hier nun soll ein höchst subjektives Stück des Berliner Lebens im Hinblick auf Kultur und Industrie der Mode aufgezeichnet werden. Gesehen, miterlebt, skizziert, aufgeschrieben von Beobachtern der Modeszene über die Jahre hin. Modeberichterstattung ist ein Teil der Presselandschaft einer Großstadt. Es ist notwendig sich zu erinnern, wenn Neues geschaffen werden soll. Karl Lagerfeld, der aus Deutschland stammende Pariser Modemann, einer der besten, sagte vor Jahresfrist, als die Mode West und die Mode Ost sich in Berlin trafen und das Konzept für eine Mode ohne Himmelsrichtungen im Auge hatten: „Wenn Berlin wieder Hauptstadt wird, hat es die Chance, auch wieder Zentrum der Mode in Deutschland zu werden. Bisher hat es keine Möglichkeit für ein solches Zentrum gegeben, keine andere Stadt in Deutschland hat solch ein Modezentrum schaffen können." Goldene Worte in den Ohren all derjenigen, die in Berlin mit der Mode und für die Mode arbeiten.

Und ein elegantes Alibi, sich zu erinnern.

Die vergoldeten Zwanziger

Im Jahre 1991 kann die Erinnerung an das Berlin der zwanziger Jahre und das modische Bild auf den Straßen, in den Salons und den gutbürgerlichen Wohnstuben, in den Theaterpremieren, den Literatencafés und Ballsälen nur sehr verschwommen sein. Kronzeugen jener Zeit, die heute davon erzählen können, sind kaum noch zu finden. Dennoch dürfen wir auf dieses Jahrzehnt nicht verzichten, nicht auf diese Zeit nach der ersten großen Zäsur des Jahrhunderts, in der die Mode ihre endlich errungene Freiheit genoß. Der Sturm der Geschichte hatte Tournure, Fischbeinkragen, lange Röcke, Knöpfstiefel hinweggefegt. Und am Ende auch ohne Zopf, ließ er die Frau aufblühen zu einem neuen, zunächst einmal in ihrer Erscheinung faszinierenden Geschöpf. Losgelöst von den Zwängen ihrer „Bestimmung" hatte sie sich bereits im Jahrzehnt zuvor, als sie gezwungen war, in der Familie und auch im öffentlichen Leben „ihren Mann zu stehen", den Mann zu ersetzen, der per ordre des Staates sein Leben und Sterben zum Helden zu stilisieren hatte. Damals begann die Frau – und hier ist es als unmittelbares Beispiel die Berlinerin –, zu beweisen, daß sie nicht länger gesonnen war, sich in eine Jahrtausende alte Rolle für weitere Jahrtausende einbetonieren zu lassen. Nein, es fiel der Rock, es fiel der Zopf, und sie entdeckte ihren Kopf.

Nicht im ganzen Land, beileibe nicht. Aber in den Großstädten, und hier vor allem in Berlin, der Metropole, taten die Mode und die Frauen einen mutigen Sprung in ein neues Zeitalter des Selbstbewußtseins.

Nur um Berlin in den zwanziger Jahren gesehen und erlebt zu haben, wünschte ich, noch gut zwei Jahrzehnte älter zu sein. Als Berichterstatterin. Denn zu verschieden und mit subjektivem Auge gesehen sind die Berichte der Zeitzeugen, als daß sich ein authentisches Bild daraus filtern ließe. Was von Thomas Wolfe bis Isherwood, von Pem, dem Starreporter der Berliner Gesellschaft in den zwanziger Jahren, bis Tucholsky, von Billy Wilder bis Egon Erwin Kisch, von all denen, die im Romanischen Café an ihren Marmortischchen saßen, die Stadt und die Welt beobachteten und ihre Marginalien zu Papier brachten, was von Dichtern und Schriftstellern der Zeit auf uns überkommen ist, läßt vermuten, daß sie in jeder Hinsicht aufregend gewesen sein muß, diese Stadt, im Positiven wie im Negativen. Aber heute über Berlin in den Zwanzigern zu berichten, wäre vermes-

sen, es sei denn über die Mode. Die nämlich hat sich in Gazetten, Annoncen, eleganten Modeblättern in werbewirksamer Selbstdarstellung authentisch erhalten.
Der Horror des Krieges war allmählich überwunden, mit den Billionen der Inflation hatte man umzugehen gelernt. Die Zwänge der Kleiderordnung, die den Frauen und auch den Männern über Jahrhunderte hin eitle Torturen angetan hatten, waren samt Korsett und Fischbeinkragen auf dem Müll der Modegeschichte gelandet. Der Rock schrumpfte, nachdem das monetäre System zur Ruhe gekommen war, „hemmungslos" bis zum Knie, das zur Besichtigung freigegeben wurde. Was für ein Erlebnis, nicht zuletzt für Männeraugen. Die Garçonne, ohne Hüften, ohne Busen, dafür mit Pagenkopf und langer Zigarettenspitze trat auf die Bühne. Im Laufe von zehn Jahren schufen die Mode und die Frau ein neues Bild ihrer selbst.
West-östlicher Brennpunkt der neuen Eleganz war Berlin. Die alte City und der relativ neue Westen wurden zum Schauplatz und Laufsteg der Mode. Die Berlinerin jener Tage muß eine weltoffene, neugierige, risikofreudige Person gewesen sein, die mit großem Vergnügen den neuen Geboten der Mode vom Bubikopf bis zum Seidenstrumpf folgte. Anregungen hatte sie genug, denn schließlich war ihre Stadt das Zentrum der Mode im damaligen Deutschen Reich. Alle Fäden, alle Inspirationen – vornehmlich aus Paris – alle Aktivitäten einer wachsenden Konfektion liefen in Berlin zusammen und von hier aus in alle Ecken und Winkel des Landes. Zentrum im Zentrum aber war der Hausvogteiplatz, der Sitz der Bekleidungsindustrie, er beherrschte mit seiner Umgebung das Feld inmitten der Stadt. Sichtbare Werbung für diesen Industriezweig waren die Vorführdamen, die Mannequins und auch die Nähmädchen, denn es war selbstverständlich, daß sie ihrer Zunft auch jenseits des Betriebes Ehre machten und auf der Leipziger- und Friedrichstraße, Unter den Linden und auf dem Kurfürstendamm die jeweils neuesten Modelle spazierenführten. Oft in nächtlicher Arbeit den Nouveautés der Firma nachgeschneidert. Auf den großen Straßen und Boulevards begegneten sie den Großen und Schönen und Eleganten der Gesellschaft, von Bühne und Film, den Idolen der Zeit. Damals zeigten sie sich noch in der Öffentlichkeit, es war ein Pläsier auszugehen, mit dem offenen Automobil die Linden und den Kurfürstendamm entlangzufahren

Links: Berlin, Ende der zwanziger Jahre. Die feine Gesellschaft ging in großer Gala zur Opernpremiere.

und sich bewundern zu lassen, man ritt im Tiergarten aus und ging in großer Gala zur Opernpremiere.
Natürlich war das Berlin der zwanziger Jahre nicht nur eine große Galaschau. Die dunkle Seite der Stadt war voller trister Hinterhöfe, farblose Schneisen durchzogen die Blocks der Mietskasernen, die professionelle Millionenstadt hatte ihre Schattenseiten. Dennoch flammten auch in diesen Bezirken hier und da Lichtpünktchen auf. Junge Mädchen und Frauen, die versuchten, mit einem bißchen Chic und kessem Mundwerk in modischem Rot gegen die graue Misere des „Milljöhs" anzugehen. Um sich inspirieren zu lassen, fuhren sie nach der Arbeit nach „Berlin WW", spazierten zu zweit und dritt den Ku-Damm entlang, setzen sich in eine Konditorei – was alles in Schlagern besungen worden ist –, oder gingen ins Kino, wenn das Geld reichte. Sie lasen auf den Theater- und Filmplakaten Namen wie Lil Dagover, Henny Porten, Elisabeth Bergner, Lia de Putti, Greta Garbo, sahen die Stars in Großaufnahmen und träumten von Chic, von Eleganz. Doch als echte Berlinerinnen ließen sie es nicht beim Träumen, sie brachten es fertig, mit ihren geringen Mitteln so etwas wie modisches „Na bitte!" zustandezubringen. Der flatterhafte, verführerische, ansteckende Bazillus Mode breitete sich in Windeseile aus.
Die Goldenen Zwanziger wurden diese Jahre Berlins euphorisch und sicherlich ziemlich einseitig immer wieder genannt. Es muß jedoch etwas daran gewesen sein, Berlin war der oder besser der Anziehungspunkt im mittleren Europa. Paris, Berlin, Warschau – Städte mit Eleganz, Berlin inmitten. Hier mischten sich die Linien und die Typen. Weltläufige Eleganz und schräge Vögel. Reste damenhafter Contenance vergangener Epochen, Protz und Prunk von Kriegsgewinnlern. Geist und Antigeist, Humor, Ironie, Verzweiflung und Melancholie. Neue Ideen und Experimente in Kunst, Kultur und Literatur – im Berliner Westen muß das Leben geknistert haben, müssen Funken übergesprungen sein und ein kurzes Jahrzehnt in ein, da in der Literatur festgehaltenes, unvergeßliches Feuerwerk verwandelt haben.
Die Mode spielte ihren verführerischen, berechnenden, selbstverliebten Part dabei. Ob es Opfer gab oder nicht, es war ihr egal. 1927 schrieb Vicky Baum in einer Betrachtung zum Thema „Leute von heute" in der DAME, dem Luxusmagazin für gehobene Ansprüche: „Darf ich Ihnen hier Ypsi vorstellen, die kleine

sehr moderne Frau, die Sie gewiß schon tausendmal gesehen haben, bei Premieren, Rennen, Boxkämpfen und prominenten Leichenbegängnissen. Dies also ist Ypsi (leider sieht sie heute nicht vorteilhaft aus, denn der Hut in Lindberghfasson steht ihr nicht), aber, mein Gott, gnädige Frau, man muß die Mode doch mitmachen, nicht wahr?" Und im gleichen eleganten Magazin für die Dame von Welt fand sich beim Stöbern im Archiv folgendes aufrüttelnde Poem eines Autors mit Namen Theobald Tiger, alias Kurt Tucholsky:

Nichts anzuziehen.

*Ich stehe schon eine halbe Stunde lang
vor diesem gefüllten Kleiderschrank.
Was ziehe ich heute nachmittag an?
Jedes Kleid erinnert mich...
Also jedes erinnert mich an einen Mann.
In diesem Sportkostüm ritt ich den Pony.
In diesem Braunen küßte mich Jonny.
Das da hab ich an dem Abend getragen
da kriegte Erich den Doktor am Kragen... wegen
frech.
Hier goß mir seinerzeit der Assessor die Soße übers
Kleid
und bewies mir hinterher klar und kalt,
nach BGB sei das höh're Gewalt, Tolpatsch.
In dem – also das will ich vergessen
da hab ich mit Joe im Auto gesessen – und so.
Und in dem hat mir Fritz einen Antrag gemacht,
und ich hab ihn – leider ausgelacht.
Dieses hier will ich überhaupt nicht mehr sehn,
in dem mußt ich zu dieser dummen Premiere gehn.
Und das hier, hängt das noch immer im Schranke...?
Sekt macht keine Flecken? Na, ich danke!
Und den Mantel, ich will es nicht mehr wissen,
haben sie mir beim Sechstagerennen zerrissen!
Ich steh schon eine halbe Stunde lang
vor diesem gefüllten Kleiderschrank.
Das nackteste Mädchen von ganz Berlin –
Wie man sieht, ich habe nichts anzuziehn!*

Folgende Doppelseite: 1928/29. Eleganz zu Hause, im Dekor des Art deco trug man einen „chinesischen" Hausanzug.
Dernier cri waren der Topfhut, der Fuchs, die lange Perlenkette und der mit Zipfelvolant drapierte Rock.

Und in einem Presseball-Almanach jener Jahre, der unter dem Motto „Wünsche an die Mode" stand, äußerten sich weitere namhafte Journalisten und Publizisten der Berliner Zeitungslandschaft zum Thema. Zum Beispiel schrieb Alfred Kerr:

> *Ich grüße die Mode:*
> *Sie bleibt nicht am engen*
> *Sperrhindernis hängen.*
> *Weit weht sie der Wind,*
> *Das Träge wird rege,*
> *Fern öffnen sich Wege,*
> *Weil heute die Moden Mode sind.*
> *Ich grüße die Mode*
> *Sie hat was Flüchtiges, Schwindendes*
> *Und doch was Menschenverbindendes...*

Und Lion Feuchtwanger fand:
> *Lang oder Kurz, laßt euch die dumme Alternative*
> *nicht gefallen.*
> *Was einer steht, das steht nicht allen...*

Während Walter Hasenclever befindet:
> *Die Frauen sollten sich endlich dazu entschließen*
> *Hosen anzuziehen.*

Hans Reimann schließlich, der scharfzüngige Literatur-Mensch, meinte:

> *Ob beige, ob taupe, ob fraise, ob mauve,*
> *ob kurz, ob lang, ob kess, ob doof,*
> *ob kariert, ob gescheckt, ob gestreift, ob getupft,*
> *das ist gesprungen wie gehupft.*
> *Mein einziger Wunsch. Daß die Schlankheit bleibe.*
> *(Auch geistige Schlankheit wünsch ich beim Weibe).*

Was immer Hans Reimann mit der „Geistigen Schlankheit" gemeint haben mag – und es könnte verschiedene Auslegungen geben –, es gab Männer, denen die Mode schnuppe war.

Das Zeitungsviertel, in dem sie arbeiteten, ihre Stadt beobachteten und sich in die Gazette der Geschichte eingetragen haben, lag nicht weit entfernt vom Hausvogteiplatz. Dort, so richtig eingehüllt in Urberliner Leben, in Fleiß und Ehrgeiz, in berlinischen kessen Witz mit jiddischem Zungenschlag wuchs und blühte die Konfektion. Von hier aus sandte Berlin seine modischen Impulse in konzentrischen Kreisen ins Land hinaus. Die Produktion funktionierte nach bewährtem System nun schon jahrzehntelang in Musterateliers, Zwischenmeisterbetrieben und in Heimarbeit. Das Grundprinzip blieb lange erhalten. Aus allen Teilen des Landes kamen die Geschäftsleute nach Berlin, oft auf der Durchreise von Ost nach West, von Nord nach Süd, um in anderen Industriegebieten noch andere modische Waren zu bestellen, etwa Schmuck, Lederwaren, Stoffe. Sie orderten das Neueste auf dem Modemarkt. Das hatte sich seit dem vergangenen Jahrhundert so abgespielt, der Begriff der „Durchreise" hatte in diesem System seinen Ursprung. Die Konfektion war ein nicht zu unterschätzender Faktor der Berliner Wirtschaft, Tausenden brachte sie Lohn und Brot, holte die „Durchreisenden" in die Stadt, sorgte für Gäste in Hotels und Restaurants, in Theatern, Opernhäusern und den berühmten Varietés wie Scala und Wintergarten. Mode war Selbstverständlichkeit und sie spielte ihre stimulierende Rolle mit weltstädtischer Gelassenheit.

Zeit mit Braunschleier

Dieses Jahrzehnt, das kulturell neugierige, schöpferisch experimentierende, feuersprühende Jahrzehnt, die goldenen, kaputten, verzweifelten, die lasziv eleganten, die frech schicken, bittersüßen zwanziger Jahre endeten im Januar 1933. Es war, als verlöre ein exotischer Vogel mit buntschillernden Flügeln in feuchtem braunem Nebel seine Flugfähigkeit und stürzte ab. Die ihm nachtrauerten, taten es stumm und im Geheimen. Heute würden wir es den exzentrischen, eine Spur morbiden Charme nennen, der da unter Marschtritten und Heilgeschrei verendete, der jedoch dieses Jahrzehnt Berlins unvergeßlich macht. So steht es jedenfalls geschrieben.
Das Bild der Stadt veränderte sich. „Endlich herrscht Ordnung", sagten die einen. Die anderen waren irritiert und bekümmert oder sie sahen Schlimmes voraus. Ein Teil der Berlinerinnen ließ sich mit dem Virus der neuen Glaubenslehre infizieren, ihr Idol war nun die hehre Germanin mit der lichtblonden Haarkrone und Haferlschuhen. Abgesehen von diesen neuen Exzentrikerinnen – wie groß der Anteil am Gesamtvolumen der Spezies war, ist nicht genau bekannt – glaubte jedoch der größere Teil nach wie vor an die Macht und die beredten Eigenschaften der Mode. Es gab in den braunvernebelten Jahren noch genug Schönheit, Eleganz und Vergnügen an den Dingen der Mode, die im Bild der Straße, vor allem aber im privaten Kreise dem Alltag helle Lichter aufsetzten. Es gab exclusive Geschäfte mit wunderschönen Modellkleidern, es gab Bälle, Empfänge. Es gab das diplomatische Parkett, auf dem die Farben sich mischten. Auch „Germaninnen" gaben bei solchen Gelegenheiten ihrer geknebelten weiblichen Eitelkeit nach, aber selbst das taten sie „für Führer und Volk", denn auf diese Weise konnte der Welt, die von den Diplomaten vertreten wurde, elegant Sand in die Augen gestreut werden.
Die „Jahre mit dem Braunschleier" waren für die Mode und diejenigen, die für sie arbeiteten, ein janusköpfiges, gedankenloses, perfides und für die Durchschnittsberlinerin in seiner Substanz nicht zu durchschauendes Jahrzehnt. Es waren die Jahre der Enteignungen, der Demütigungen, der Flucht, der Pogrome schließlich, denen die jüdischen Mitbürger anheimfielen. Die Konfektion war weitgehend von jüdischen Kaufleuten aufgebaut worden, Textilgeschäfte, Kaufhäuser, Herstellerbetriebe waren jüdischer Besitz, er wurde konfisziert, „arische Nachfolger"

Links: 1932/33. Voilà, die Mode liebt es nun wieder länger, strichschmal, mit Taillenkurve und onduliertem Kopf, auf dem ein kleiner flacher Hut sitzt.

übernahmen ihn preiswert und ohne viel Gewissensbisse. Namen wie Gerson, Kersten und Tuteur, Israel, Hermann Tietz und viele andere wurden aus dem Register der Berliner Mode und Eleganz ausgelöscht.

Aber Mode, diese den Machthabern im Grunde suspekte, dekadente Abart „deutscher Lebensart", mußte aus Gründen der Camouflage geduldet werden. Man war noch angewiesen auf die Meinung des Auslands, konnte sich noch nicht völlig dem Germanentraum im Linnenhemd und Beiderwandrock hingeben, wenngleich in Zuchtanstalten versucht wurde, solche Edelwesen zu selektieren und heranzuziehen. Doch zur Freude der meisten Berlinerinnen wurde die Mode geduldet, es wurde sogar eine Reichsbeauftragte für Mode berufen. Eine Dame, die nicht ohne Verstand war und sich der Zeit und ihren Gegebenheiten und mit Eleganz auch den Machthabern anzupassen wußte. Sie hat sich später, das nebenbei bemerkt, auch den folgenden, nicht mehr braunen Jahren perfekt angepaßt. Hochbetagt, wie zu hören war, immer noch um Eleganz bemüht, ist sie erst vor nicht langer Zeit von der Bühne ihres Modelebens abgetreten. Aber nicht in Berlin. Berlin war zu der Zeit noch nicht wieder „in".

Auch in diesen dreißiger Jahren gab es besonders begabte, feinfühlige Modemacher in Berlin. Als Beispiel sollen hier zwei genannt werden. Gerd Hartung erinnert sich ...

In den dreißiger Jahren hatten die Modesalons in Berlin in etwa die Rolle der Pariser Couture inne. Sie waren das, was heute als „kreativ" bezeichnet wird, sie entwarfen Modelle in ihrer eigenen, ausdrucksvollen Handschrift. Unbestritten Erster dieser kleinen exclusiven Phalanx war Heinz Schulze. Mit seiner Partnerin, der Bibernell, wie sie genannt wurde, und seiner Frau Kiki, zugleich sein bestes Mannequin und begehrtes Fotomodell für seine Kreationen, residierte er in einer klassizistischen Tiergartenvilla.

Eine Schau bei Schulze-Bibernell war ein unvergeßliches Erlebnis. Betrat der geladene Gast die Villa, die ungefähr dort stand, wo heute IBA-Bauten den Rand des Tiergartens säumen, empfing ihn ein Apoll, dessen Figur mit Stoffbahnen drapiert war, die sich in kunstvoll künstlerischem Schwung bis zum ersten Stock hinaufwanden. Die Treppe zum Raum des modischen Ereignisses machte einen sanften Bogen mit einem Podest auf halber

Höhe. Dort stand an einem Schulpult eine Vendeuse, ein eleganter Zerberus, der dafür sorgte, daß kein Unberufener sich in dieses Reich der Träume schmuggeln konnte. Durch zwei Säulen betraten die Mannequins den Showraum, der mit seinen klassischen Proportionen bestach, der Fußboden war mit einer Windrose in Marmor ausgelegt, lediglich zwei kleine Empiresofas bildeten Fixpunkte in der Harmonie dieses Raumes. Für die Gäste waren schmale kleine Goldstühlchen aufgestellt, von der Art, wie sie auch später noch in den Berliner Modellhäusern den auf Mode Versessenen zur eleganten Pein wurden. Schulze faszinierte seine Klientel mit Kollektionen von modischer Delikatesse und einer zauberhaften Ausstrahlung. Seine Farbkombinationen war ebenso unnachahmlich wie seine Schnitte. Sie waren so raffiniert, daß selbst eine geschulte Schneiderin, die einmal ein Schulze-Modell in seine Schnitteile zerlegt hatte, um den extravaganten Schnitt für eine Kundin abzunehmen, es nicht fertigbrachte, das Modell wieder zusammenzusetzen. Heinz Schulze war in jenen Jahren ein Lichtblick für alle diejenigen, die Mode um ihrer selbst willen beobachteten.

Eine andere elegante Adresse jener Tage war Hilda Romatzki. Sie führte ihren Salon am Kurfürstendamm, ihre Modelle waren von großzügiger Linie, und sie liebte schon damals etwas, was in den achtziger Jahren betont Mode wurde, nämlich die breiten Schultern. Ein Couturier namens Joe Strassner, mit seinen Ideen besser als im Handwerklichen, war der Liebling der Filmdiven, die sich von ihm anziehen ließen. Noch andere Salons sorgten für ein elegantes Image im Berlin jener Tage, so waren Nina Carell und Kuhnen bekannt für vornehme Roben und distanzierte Eleganz. Im übrigen hatten sie gemeinsam mit einigen Modellhäusern der Konfektion, zusammengefaßt in der Berliner Modegesellschaft, Richtkollektionen für den Export zu erstellen. Denn als Paris nach 1940 als Anregung und Bezugsquelle für Mode ausfiel, kaufte das „befreundete" Ausland in Berlin, so daß Mode damals Exportfaktor Nummer zwei wurde. Mit Devisen, die dieses Geschäft einbrachte, wurde schwedisches Erz für die Rüstungsindustrie gekauft.

Was Mode doch alles bewirken kann!

*

Schulze & Bäbernick

Hier nun, in diesen Jahren, fängt der Bericht über die unmittelbar erlebte Mode in Berlin an. Eine Dreizehnjährige kam in die Stadt. Ein Moloch von Großstadt war zu begreifen, Mitschülerinnen, aufmüpfig, schlagfertig, nicht besonders sensibel, patent – mit einem Wort einschüchternd. Modische Kleidung, rotlackierte Fingernägel, wasserstoffblondierte Haare waren zwar nicht die Regel, aber es gab sie unter diesen Dreizehnjährigen im konservativen Vorort. Auch damals schon. Bewunderte Vorbilder waren die Stars aus Hollywood und am deutschen Filmhimmel, Greta Garbo, Jean Harlow, Katherine Hepburn, Marlene Dietrich, Jenny Jugo, Gitta Alpar, sie waren neben vielen anderen die Modelle für Chic und Schönheit. Ihre Bilder erschienen in Zeitungen, Illustrierten und eleganten Modemagazinen mit Titeln wie DIE DAME oder DER SILBERSPIEGEL. Sie wurden ausgeschnitten, ins Vokabelheft gelegt und zwischen Caesars und Ciceros Reden bewundert.

Von der Arbeit, den Veränderungen, den persönlichen Tragödien am Hausvogteiplatz, dem Berliner Konfektions- und Modegewerbe schlechthin erfuhr man im allgemeinen nichts. Nur wenige Berlinerinnen werden wohl ihre Kleider, Kostüme, Röcke und Blusen, die eben dort am Hausvogteiplatz hergestellt wurden, mit der Politik in Verbindung gebracht haben. Mode hatte einen exterritorialen Status. Marlene Dietrichs graue Flanellhosen wurden getragen, sowie die ersten Kopien in den Geschäften zu haben waren. Haare wurden nach dem Vorbild des Sexstars Jean Harlow mit Wasserstoff gebleicht, der rassige Pagenkopf der Ungarin Käte von Nagy wurde Mode.

Ein besonders modisches Spektakel waren im Sommer 1936 die Olympischen Spiele an der Spree. International, wie sie sich gaben und laut Statut auch zu sein hatten, verschafften sie Berlin die Gelegenheit zu zeigen und auch zu besichtigen, was fashionable war. Die andere Seite der Medaille, die nun schon längst nicht mehr zu übersehen war, hatte mit Mode nichts zu tun. Sie wurde auch damals von denen, die sich mit Mode identifizierten, sie kultivierten, nicht zur Kenntnis genommen. Was, wenn man's doch nicht ändern kann, allemal das Bequemste ist.

Olympische Spiele. Die nun Sechzehnjährige, eitel und sich der Mode vorsichtig nähernd, beobachtete am Rande der Reiterspiele die Damen, ihre Garderobe, ihr Auftreten, ihre im elitären

Links: Film und Theater, Bälle und Soirees, Empfänge auf dem diplomatischen Parkett boten in den Dreißigern genug Gelegenheit für ehrgeizige modische Auftritte.

Zirkel meist gutklassige Eleganz. Die interessanteste Erscheinung war die Baronin v. W., eine geborene Prinzessin Wertheim (wenn ich mich recht erinnere). Sie hatte sich ganz in Schwarz gehüllt, ohne Trauergrund, sie fand es chic. Hochgewachsen und rassig schmal, wirkte sie vom schwarzen kleinen Hut bis zu den – damals exzentrischen – schwarzen Strümpfen und schwarzen Schuhen wie eine zeitlose elegante Kassandra mit dem müden Blick der Wissenden. Am folgenden Tag, als in einem exclusiven Kreis unter Ausschluß der Farbe Braun, die hier nun wirklich nicht herpaßte, zu einem Empfang der Ritter, das heißt Reiter der Olympischen Spiele, gebeten wurde, trat die Prinzessin in sanftem Silbergrau auf. Die Mode ließ in diesen repräsentativen Räumen des ehemaligen Garde du Corps-Kasinos einen ebenso kultivierten, zurückhaltenden und selbstbewußten Tenor erkennen wie die wahrscheinlich zum letzten Mal zusammengekommene Gesellschaft. Für ein paar Stunden eine Enklave im Bild der Realität, die viele auch in diesem Kreis aus Resignation, Angst oder Arroganz nicht zur Kenntnis nehmen wollten.

Gustaf Gründgens besang in einem Film, im weißen Seidenkostüm des 18. Jahrhunderts, den Tanz auf dem Vulkan. Wer wollte, konnte den Song als Menetekel betrachten. Auch die Mode tanzte auf dem Vulkan. Als der Zweite Weltkrieg mit einer befohlenen und für viele seltsam unbegreiflichen Euphorie begann, dann mit Leid, Angst und Verzweiflung die letzten Jahre der braunen Diktatur überzog – ein Trauma, das bis auf den heutigen Tag seine nicht zu übersehenden Nachwirkungen hat – hielt die Mode ihr buntes Fähnchen immer noch tapfer in die Höhe.

Am Hausvogteiplatz, im Herzen Berlins, wurden immer noch, wenn auch mit immer weniger und minderen Stoffen, Kleider, Kostüme, Röcke und Blusen fabriziert. Was die Berlinerin, die mit ihren Kleiderpunkten haushalten mußte und ihre ganze Phantasie brauchte, um sich die Illusion zu erhalten, eine schicke Person zu sein, was sie nicht wußte, war, daß „im Geheimen" mit guten Stoffen für den Export produziert wurde, Export, der Devisen brachte. Aber wie auch immer: Mode blieb Mode. Ein Hut à la Paris oder Hollywood war immer noch der Traum der Berlinerin. Auch wenn sie eben den unmittelbaren Todesängsten eines Bombenangriffs entkommen war, wenn sie eine Feuer-

Rechts: Wintermantel Ende der dreißiger Jahre. So etwa hat man sich die Berlinerin vorzustellen, die nicht im Modesalon angezogen wurde, dennoch versuchte, halbwegs chic, später mit Kleiderkarte, über die Zeiten zu kommen.

nacht überstanden hatte und sich besann, daß sie noch am Leben war, versuchte sie das Beste daraus zu machen. Sie sortierte sich selbst und ihre verbliebene Habe und flog wie ein leicht gerupfter Phoenix aus der Asche in den neuen Tag.

Ein Erlebnis im Juni 1944 soll dieses dunkle Kapitel, die braunvernebelten Jahre der Stadt und ihrer Mode abschließen, danach darf sie als echter Phoenix aus der Asche der Geschichte aufsteigen. Das Verlagshaus, in dem die Volontärin der Werbeabteilung arbeitete, ging zu großen Teilen in Flammen auf. Die nunmehr Dreiundzwanzigjährige kletterte mit anderen glücklich Überlebenden aus den Ruinen. Sie trug ein Sommerkleid mit schmaler Taille, auf die sie besonderen Wert legte, und weiße Sandaletten mit fünf Zentimeter hohen Absätzen. Da stand sie nun, im Feuersturm, schwere Rauchwolken verdunkelten die Stadt, Zerstörung soweit man sehen konnte. Sie empfand sich selbst und ihre weißen Sandaletten mit den hohen Absätzen als nicht sehr passend. Indessen, auf diesen Absätzen und streckenweise auf einem Motorrad, dessen Rücksitz ein junger Mann ihr anbot, gelangte sie Stunden später nach Hause. Am nächsten Tag, so lautete die Devise des Arbeitgebers, habe man sich, im Falle das Verlagshaus sei nicht mehr zu benutzen, um zehn Uhr morgens am Moritzplatz einzufinden. Dort werde man erfahren, was weiterhin zu geschehen habe. Vernünftig und vor dem Risiko weiterer möglicher Fußmärsche gewarnt, zog die Zeitzeugin ein schlichtes Kostüm an – ein kleiner alter Schneidermeister in der Rosenheimer Straße hatte es aus vorhandenem Stoff liebevoll gearbeitet –, sie zog Schuhe mit flachen Absätzen an und setzte einen, zugegebenermaßen, äußerst modischen Herrenhut aus weichem Velour auf, schokoladenfarben. So fuhr sie in langer umständlicher Reise zum Moritzplatz. Aber dort war niemand, der sagte, wie es weitergehen solle, auch niemand, der wie sie wissen wollte, was nun zu geschehen habe. Also bestieg sie nach einiger Zeit des Wartens einen Autobus gen Westen, kletterte ins Oberdeck, setzte sich in die erste Reihe und sah auf die zerstörte Stadt hinunter. Irgendwann bestieg eine Gruppe von anderen Zeitzeugen den Bus. Die Leute setzten sich auf die nächste Bank, und ihre Blicke krallten sich förmlich in den schmalen Rücken, das zartblaue Kostüm, den schicken Hut. Empörung stieg wie schwefelgelber Nebel auf und hüllte die hilflose Person ein, die

Rechts: Berlin, um 1940. Für den Export bestimmt waren diese Kostüme von Horn und Corves & Seger. Sie brachten Devisen, umgesetzt in Stahl für die Rüstungsindustrie. Sie waren aus guten Stoffen, auf die Punkte der Kleiderkarte gab es derlei nicht.

mit einem bißchen Chic gegen das Elend der Zeit und ihre Grausamkeit anzukämpfen versuchte. „Sowas wie die", ertönte es hinter ihrem steif aufgerichteten Rücken, „sollte man in die nächste Kartoffelschälküche schicken! Da hätte sie was Nützliches zu tun!" Beifälliges Gemurmel der Busnachbarn. Das Messer im Rücken, saß die Zeitzeugin kerzengerade angesichts der rauchenden, blutenden Stadt.

Na und?

Das hatte es im Laufe der Weltgeschichte doch schon gegeben. Scarlett O'Hara schneiderte sich aus den grünen Samtportieren, leicht angekohlt, die sie in den Ruinen von Tara gefunden hatte, ein elegantes Kostüm, um Rhett Butler herumzukriegen. Im Sommer 1945 sortierte die Berlinerin die ihr verbliebenen „grünen Samtportieren", das heißt, Tischdecken, Bettücher, Wolldecken, Gardinen – leicht angekohlt im weitläufigen Sinne – sagte „Na und?", griff zu Schere und Nähnadel und schneiderte sich ihr Kleid, um ihren Katzenjammer, das Schicksal, ihren neuen Mut „herumzukriegen". Aus zwei, drei oder vier (Stoffresten) mach eins, so hieß die Devise, Notwendiges, Seltsames, Komisches und manchmal sogar Reizvolles kam dabei heraus. Auch die vielbesungene Trümmerfrau wischte nach der Arbeit den beißenden Staub vom Gesicht, glaubte an das Leben und die Zukunft und versuchte sich zu erinnern, daß sie eine Frau war, ein junges Mädchen. Ihre Flickerlkleider halfen ihr dabei.
Zur selben Zeit starrte die Zunft der Kleidermacher auf die Ruinen des Hausvogteiplatzes. Ein und ein halbes Haus hatten überlebt, die anderen ehemals pompösen Geschäftshäuser, in denen die Berliner Konfektion Mode - und Bekleidungsgeschichte gemacht hatte, waren zu malerisch düsteren Ruinen stilisiert, die Mauergerippe starrten mit leeren Fensterhöhlen ins Nichts, vom Stuck und den Karyatiden der Gründerzeit noch immer gründergroßartig gerahmt. Das eine und das halbe Haus, die überlebt haben, erzählen noch heute davon, wie die anderen Bauten am Platz ausgesehen haben, die in den folgenden Jahren in Radikalkur abgetragen wurden. Mit einiger Phantasie läßt sich die Atmosphäre dieses von kribbelndem Schneiderleben pulsierenden Platzes vorstellen, oder? Jedenfalls, der Rauch aus den Ruinen hatte sich eben gelegt, da kamen die tapferen Schneiderlein, die überlebt hatten, um in den Trümmern nach Resten ihrer Habe zu suchen, Resten, mit denen sich vielleicht noch etwas anfangen ließen. Sie wurden fündig, manche von ihnen. Nähmaschinen konnten restauriert werden, und in Kellerlagern fand sich mancher Vorrat an Stoffen, mit dem ein neuer Anfang gemacht werden konnte.
Die Berliner Konfektion erstand zu neuem Leben. Nicht mehr um einen großen Platz herum lag ihr Zentrum, sie arbeitete über die Stadt verteilt, in Privaträumen oder in notdürftig wiederherge-

stellten Werkstätten. Kleine Salons taten sich auf, die ersten Kundinnen waren häufig die Frauen der Soldaten und Angestellten der Besatzungsmächte, sie leisteten modische „Entwicklungshilfe". Nicht lange und die Zahl der Konfektionäre stieg, es wurde wieder Mode gemacht, die Zeit der Flickerlkleider war vorbei. Es gab Modenschauen, die erste hatte bereits ein paar Monate nach Kriegsende bei dünnem Tee und fettarmen Plätzchen stattgefunden. Bald brauchte man nicht mehr zu improvisieren, Professionalität war wieder gefragt und sie wurde möglich.

*

Vor allem waren es die Salons, die, in privaten und kleinen Ateliers arbeitend, die ersten modischen Akzente im Berlin der Nachkriegszeit setzten. Die Idee und Praxis der Maßschneiderei, der ganz persönlichen Entwurfs- und Schneiderarbeit für die Kundinnen, hatte überlebt. Noch etwa zwei Jahrzehnte lang waren solche Oasen des individuellen Umgangs mit der Mode in Berlin zu finden. Im „Salon" war die Kundin Königin, dort war sie es noch. Zwischen ihr und den Regenten der kleinen Enklaven der Eitelkeit bestand in vielen Fällen eine Art intimes Verhältnis, man kannte die Maße der Kundin, die kleinen oder größeren Unebenheiten ihrer Figur, die es geschickt zu kaschieren galt. Man wußte auch mit gewissen Unebenheiten ihres Wesens umzugehen, denn bei langen Anproben und Gesprächen über Linie, Stoff und erhoffte Wirkung gerät man unversehens auf Nebengeleise des Modischmenschlichen und es bedarf der Diplomatie.

Berlin hatte damals ein paar höchst eigenwillige und modisch inspirierende Namen zu verzeichnen. Namen, die sich über die dunklen Jahre hinweg einen gewissen Glanz erhalten hatten. Zum Beispiel Marie Latz, das rothaarige Pendant und in ihren jungen Salonjahren auch eine Freundin von Cläre Waldoff. Marie Latz führte eine ebenso flinke, flotte Nadel wie ein Urberliner Mundwerk, ihre tizianrote Mähne leuchtete – so erinnere ich mich ihrer – über einem laubfroschgrünen Habit. Sie tat weder elegant noch arrogant, sondern war von einer herzerfrischenden naturgegebenen Unbekümmertheit – die Cläre Waldoff ins Modische übersetzt.

Neben Namen wie Elise Topell und Wolfgang Nöcker durften

Mode machte wieder Spaß! Mit Modellen wie diesem Mantel setzte Charlotte Drechsler in ihrem Salon Zeichen aufblühenden Lebens im Nachkriegsberlin (linke Seite).

sich auch zwei Salons in diesen Nachkriegsjahren reger Kundschaft erfreuen, die sich zum großen Teil aus dem Damencorps der Besatzungsmächte rekrutierte. Ursula Schewe und Charlotte Drechsler, kompetent in ihrem Fach und mit eigener Handschrift setzten sie die ersten Zeichen auf die modische Landkarte Berlins nach der Katastrophe. Aber das Kapitel „Salon" verlor an Bedeutung, je fester die Konfektion die Dinge wieder in den Griff bekam. Abgesehen von der Exklusivität eines Günter Brosda, der noch bis weit in die fünfziger Jahre hinein seine faszinierenden Modelle entwarf und sie nur als Unikate verkaufte. Viel später dann stürzte sich ein junger Modeadept der Berliner Szene in das Abenteuer seines „Salons", und er hat es geschafft, auf seine unbefangene, etwas waghalsige Art diesen seinen Salon bis heute zu führen und Mode seiner eigenwilligen und persönlichen Linie zu machen. Klaus Schumann. Ich erinnere mich an das erste Interview, das mich in seine „Dichterklause" unter dem Dach einer Altbauwohnung in Tiergarten führte. Der junge Mann erdachte seine Wunderwerke aus Seide und Samt mit feinen Stichen, Borten und vielen Knöpfchen, „klitzekleine Knöpfchen", wie er strahlend sagte, und fertigte sie auf einer uralten Nähmaschine eigenhändig an. Es entstanden damals und es entstehen noch heute Modelle im echten Sinne. Der bleistiftkurz geschnittene Kopf dieses Modemannes mit dem immer liebenswürdigen Lächeln gehört nun seit Jahrzehnten zum Berliner Laufsteg.

Wunderwerke aus Seide und Samt erdachte und fertigte Klaus Schumann in seinem Salon, und das tut er heute noch. Hartung skizzierte zwei seiner Abendroben, zeitlos in ihren grazilen Linienspielen (links und nächste Seite).

Eine neue Frau?

Ein Krieg kann, wie das Beispiel der zwanziger Jahre zeigt, eine bemerkenswerte Veränderung des Menschen bewirken, zumindest der Frau, die beweglicher und noch unbefangener in ihrer Lernfähigkeit ist als der Mann. Hatte der zweite der schrecklichen Kriege dieses Jahrhunderts ein ähnliches Phänomen ausgelöst? Hat mit wiederum Bewährungsproben bei der Bewältigung des Alltags, mit einer neuen Mode die Frau einen weiteren Schritt auf dem Weg zur Erkenntnis ihrer selbst und zur Nutzung ihrer Fähigkeiten, zur Selbstbehauptung getan? Nein, das läßt sich so nicht ins Buch der Geschichte eintragen. Denn was sie, die Frau der ausgehenden vierziger und beginnenden fünfziger Jahre zunächst einmal brauchte, war Aufatmen, war das Erlebnis, keine unmittelbare Angst mehr haben zu müssen. Es war nach den Jahren der Kopftücher und der Tristesse die wieder aufblühende Freude am eigenen Bild, das reizvoll, schön, modisch sein sollte. Ein Bild, das sich in Männeraugen mit Vergnügen spiegeln sollte.

Das betraf die Frauen auf der Verliererseite ebenso wie die Frauen auf der Siegerseite, darum auch war der New Look Christian Diors ein solcher Erfolg. Dior schuf nach den Jahren der kargen Weiblichkeit, der mühsam zusammengesetzten Restbestände der Mode ein neues Wesen mit zierlicher Taille, weit schwingendem Rock, mit zärtlich gerundetem Busen und Locken unter keckem Hütchen. Voilà – es segelte als Flaggschiff der Mode über alle Meere des weiblichen Lebensgefühls, eines neuen wunderbaren Lebensgefühls, das zwar auch Selbstbewußtsein schuf, aber mit langem Rock und Wespentaille, mit wiederentdecktem Busen und kokettem Blick eher an längst Vergangenes erinnerte. Die Tournure blieb den Frauen immerhin erspart.

Mode ist in der Lage, Charakter zu stilisieren, oder auch umgekehrt kann man es sagen: Der Charakter der Zeit schafft sich seine Mode. Der New Look, der Ende der vierziger Jahre mit Seufzern der Bewunderung zwischen Paris und Rio, London und New York, Rom und Tokio Karriere machte, tat auch in Berlin seine verführerischen Wunder. Hier hatte mittlerweile die Blockade, hatte die Währungsreform auf der Insel West-Berlin für neue Aufregungen und neue Anstrengungen gesorgt, mit der Situation fertigzuwerden. Berlin hatte Übung in solchen Exerzitien. Der New Look schwebte wie eine modische Friedenstaube

Links: „Schön sein" heißt die neue Maxime. Nicht nur die Mode, auch das Make up spielt, inspiriert von amerikanischem Beauty-Vorbild, wieder eine Rolle. Die Tristesse der dreißiger und vierziger Jahre ist endgültig vorbei.

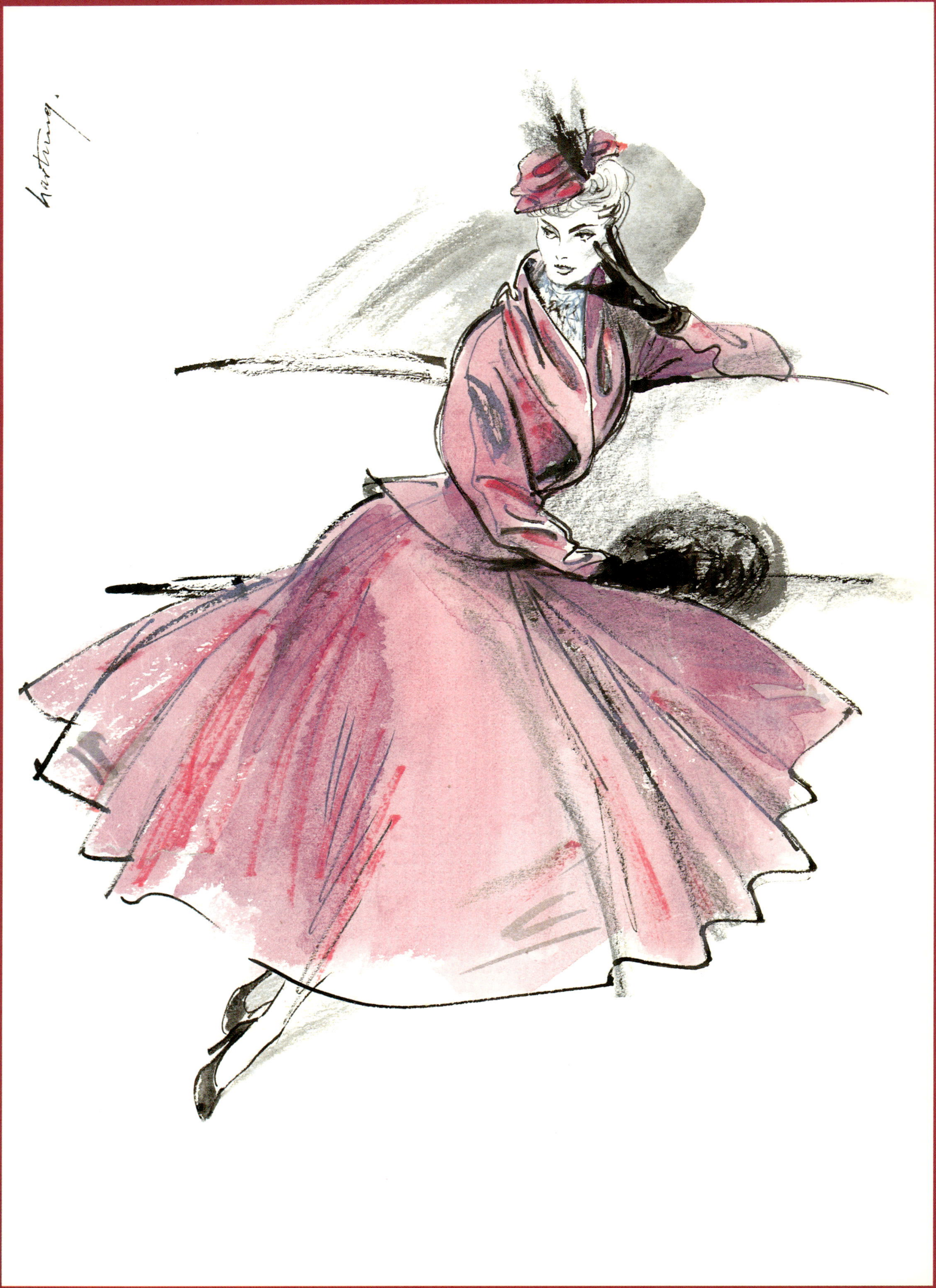

in die Stadt ein, wurde von der Konfektion, vor allem von den Modellhäusern mit Hingabe aufgegriffen und in allen denkbaren Variationen in allen Preislagen „geschöpft". „Modeschöpfer" wurden sie nämlich damals genannt, die heute Designer und Kleidermacher heißen – aber davon später. Die Berlinerin im New Look konnte ihren neuesten Chic nun wieder auf dem, wenn auch noch arg gerupften, Kurfürstendamm ausführen, auf dem Boulevard der neuen Flaneure, die sehen wollten, was aus der Stadt geworden war, nicht zuletzt aus der Berlinerin. Eine neue Frau? War sie das? Nein, sie war keine neue Frau. Sie freute sich, daß sie Arbeit hatte, denn die gab es in jenen Jahren, suchte ihre anderen Freuden, wo sie sie fand, und nicht zuletzt fand sie sie an der Mode. Das war ihr zunächst genug.

Links und Vignette unten: Mit neuem Schwung hat die Mode die fünfziger Jahre erreicht, typisch für jene Zeit die New Look-Kostüme von Östergaard.

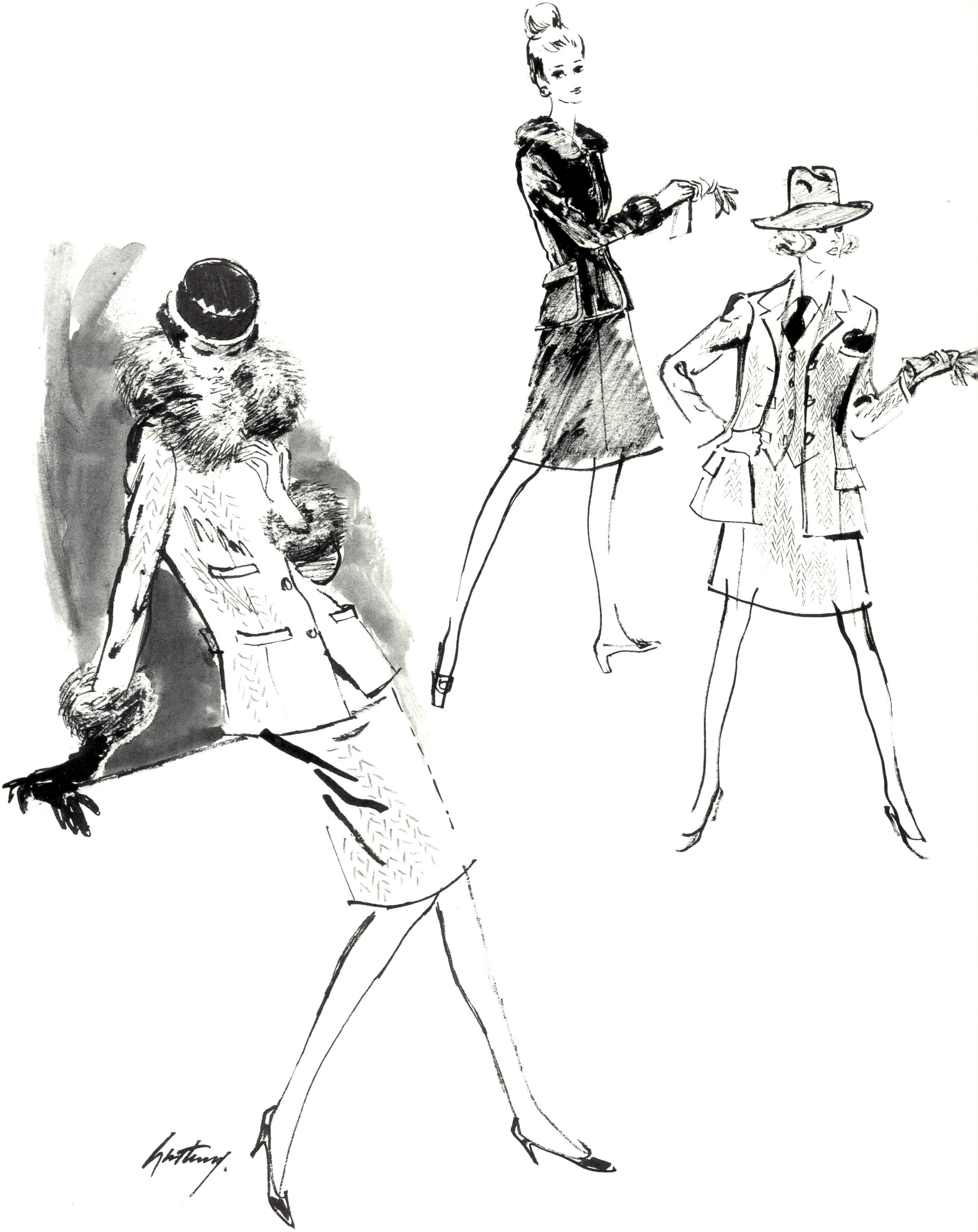

„Aha, es ist Durchreise"

Eine Rakete versprüht am Silvesterhimmel ihren bunten Lichtzauber im Nachtblau – so ungefähr muß man sich die Berliner Modeszene in den fünfziger Jahren vorstellen. Die Konfektion platzte förmlich vor Initiative und Aktivität wie ein Feuerwerkskörper. Binnen weniger Jahre hatten sich an die fünfhundert Betriebe etabliert, die Damenoberbekleidungsindustrie, wie diese höchst unelegante Wortschlange heißt, kurz und leichter zu bewältigen DOB genannt, – schneiderte sich zum drittgrößten Industriezweig der Stadt empor, zum größten Produktionsplatz von Konfektion in Europa, das ist Berlin übrigens heute noch.
Die Lichter waren wieder angezündet. Sie strahlten weit über die Grenzen hinaus, der Magnet Mode zog alle nach Berlin, die in jenen Jahren mit der Eitelkeit handelten, über sie zu berichten, sie zu fotografieren hatten. Es gab viel zu berichten. Über die Mode selbst. Über die Leute, die Kleider machten, über die Kleider, die Leute machten, über die Leute, die über die Kleider Leute machten – ein verwirrendes Spiel mit Ideen, Stoff und Farbe, mit Geschmack und Stil, über den sich bis zur persönlichen Animosität so wundervoll streiten läßt.
Über wirtschaftliche Zusammenhänge wurde berichtet und über Klatsch und Tratsch, Salz und Pfeffer, am Rande von Laufsteg und Bühne üppig verstreut. Berlin war Informationszentrum, Messeplatz und das gesellschaftliche Parkett der Mode zugleich. Es kam, wer hier kaufen oder verkaufen wollte. Die Länder rundum im westlich geschlagenen Bogen von Schweden bis Italien und Österreich waren mit Kollektionen vertreten und schickten ihre Einkäufer und Journalisten. Hotelsuiten wurden zum Vorführsalon und Verkaufsraum, die Berliner Konfektionshäuser empfingen ihre Kunden im eleganten Interieur ihrer Showräume, Mannequins glitten über silbergrauen oder bernsteinfarbenen Verlour, üppige Blumengestecke, übrigens immer in den gleichen hauseigenen Kompositionen, dufteten tapfer gegen die teuren Parfümwolken der Damen an. Sekt und Canapés wurde gereicht, um die Klientel zu stimulieren.
Man hatte es geschafft. Spätestens zur Zeit des New Look war sie wieder etabliert, die Mode in Berlin. Vom Fummel für 14 Mark 50 bis zum exclusiven Modellkleid, dessen Preis mit Vornehmheit geflüstert wurde, breitete sich zwei- bis viermal im Jahr die ganze Palette, das farbensprühende Spektrum der textilen

Eleganz, Berliner Chic in Tausenden von Variationen wurde zur Durchreise den Einkäufern und der Presse vorgeführt. Feine Kostüme wie diese Modelle von Staebe-Seger waren eine Berliner Spezialität (linke Seite).

Möglichkeiten vor den Kunden aus und wurde mit diskreter Beredsamkeit angepriesen.

Die Kunden, meist weiblichen Geschlechts, strahlten den kühlen Charme einer Rechenmaschine aus, denn rechnen und kalkulieren mußten sie, während die exclusiven Modelle, die braven, die mit „Damenhaft" etikettierten und die bescheidenen Fähnchen vor ihren Augen paradierten – rechnen mußten sie in jedem Fall, wenn sie nicht angesichts der Fülle des Angebots den Überblick und das finanzielle Gleichgewicht verlieren wollten. Sie hatten es gelernt, ihr Interesse hinter leicht gelangweiltem Blick zu verstecken, einer Art modischem Pokergesicht. Ihr Äußeres entsprach einer allgemeinen Vorstellung von Eleganz, schwarzes Kostüm, Brillanten, Krokoschuhe und Krokotasche, Nerz, halblang oder lang. Wenn Kostüm-Kroko-Nerzfrauen in Begleitung eines mit Marineblazer oder in dezentes Grau gekleideten Mannes über den Kurfürstendamm hasteten, und das gleich in hundert verschiedenen Ausgaben, dann wußten die Berliner, „Aha, es ist Durchreise."

*

Noch ein anderes Kriterium ließ erkennen, daß Berlin vom Durchreisefieber ergriffen war. Zwischen Gedächtniskirche und Olivaer Platz, auf der Meile der Mode, zogen junge, langbeinige Frauen, gutaussehend, tadellos frisiert, perfekt gestylt, die Blicke auf sich. Sie eilten mit Make-up-Koffer und großer Tasche über den Kurfürstendamm, saßen auf einen schnellen Espresso in einem der Cafés, eilten zum nächsten Termin. In Hunderten von Firmen hatten Dutzende von Mannequins die neuesten Mäntel und Kostüme, Kleider, Röcke und Blusen vorzuführen. Sie schwirrten wie eine Wolke von Schmetterlingen durch die Straßen der Mode, und die Berliner lächelten. Die Garde der Mannequins hatte ebenso wie die Konfektion in den verschiedenen Preisklassen, dem Stapel-, dem Mittel- und dem Modellgenre, unterschiedlichen Ansprüchen zu genügen. Die Spitze der Pyramide bildeten die Vorführdamen der im Couturestil arbeitenden Modellhäuser, eine bewunderungswürdige Mischung aus professionellem Können und Dame.

Rechts: Großzügig in der Linie, von sensibler Eleganz und untrüglichem Farbensinn faszinierten die Kollektionen von Werner Lauer, der zur Durchreise jeweils nach Berlin kam.

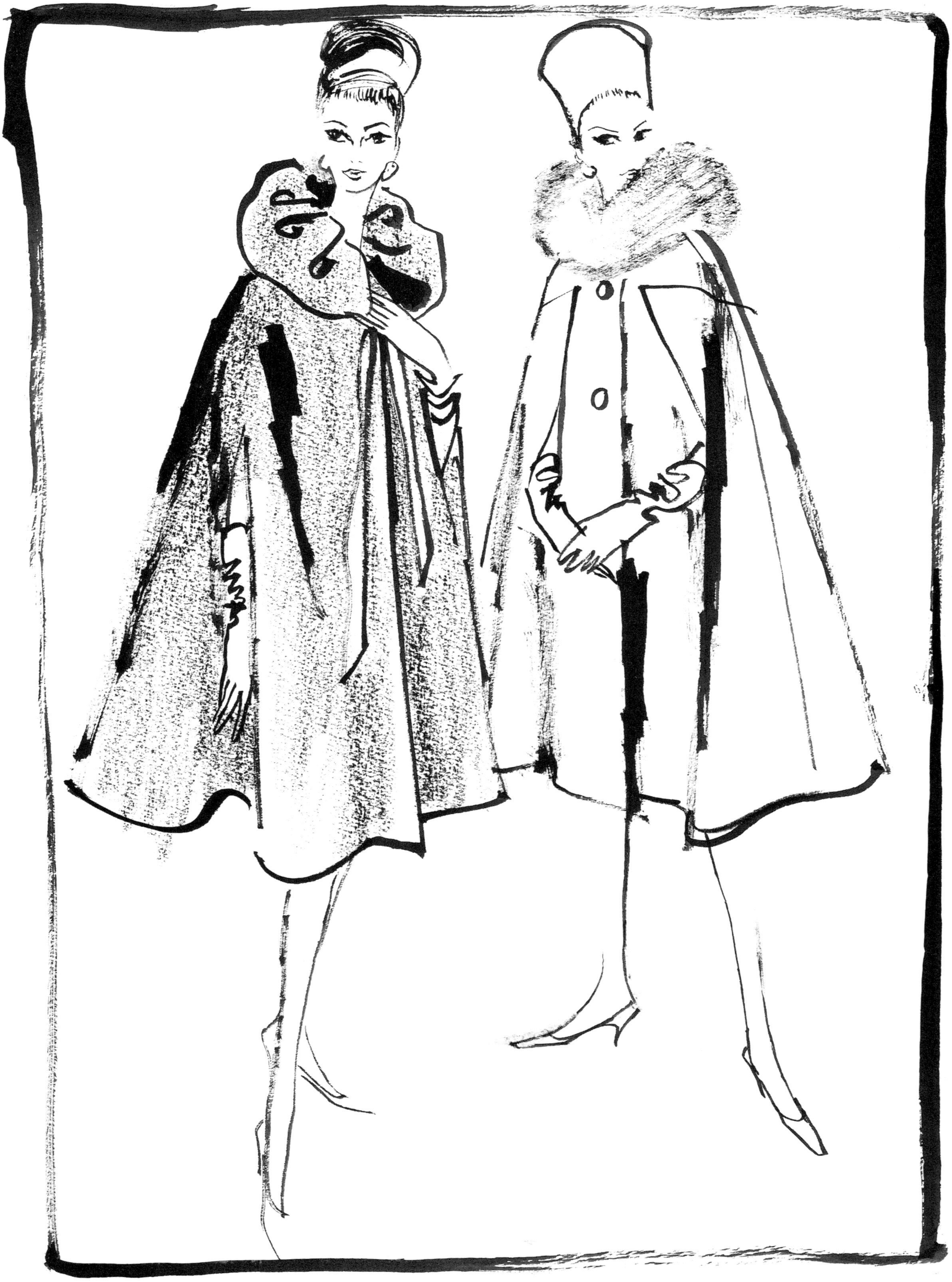

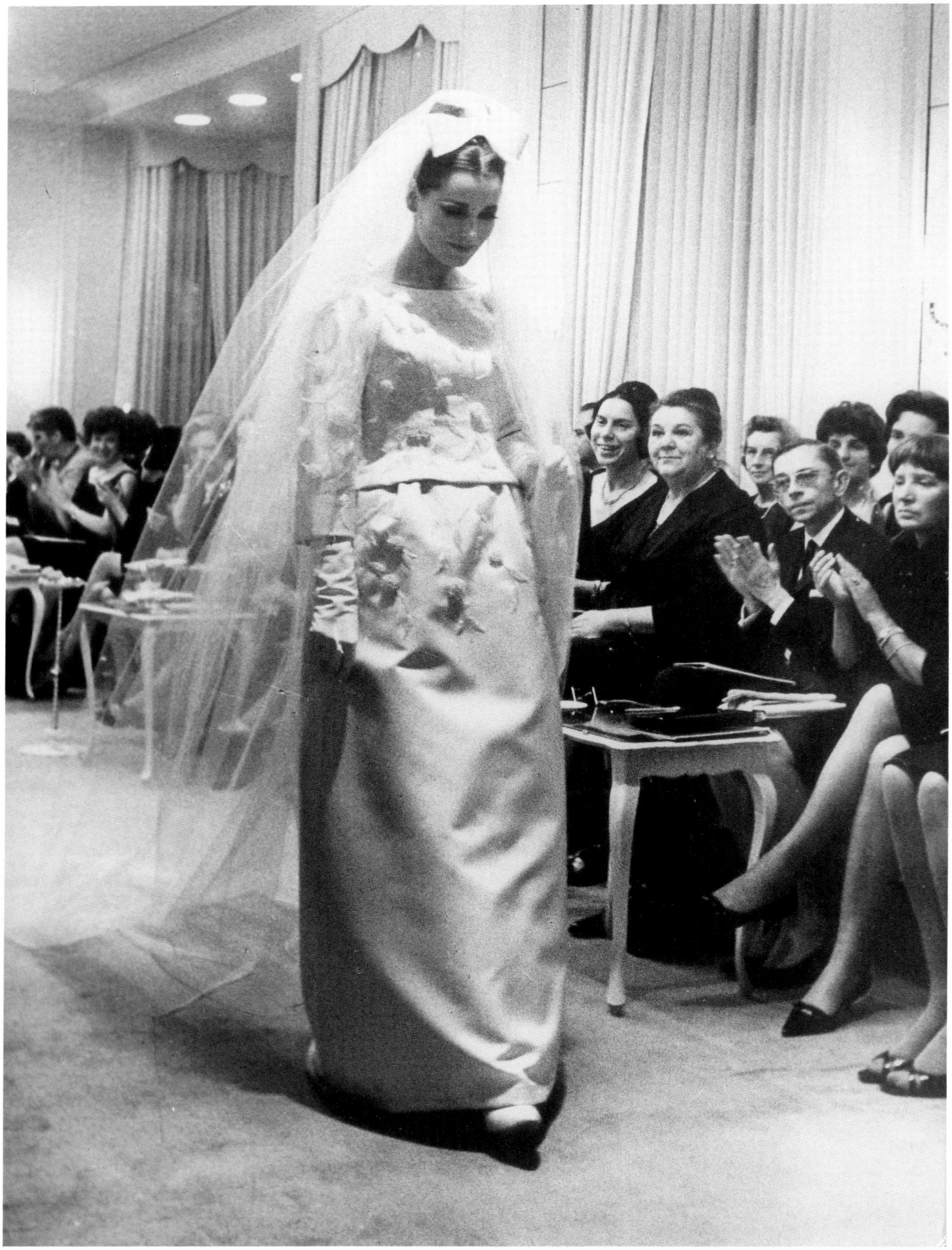

„Ihre Auftritt, meine Damen!"

Die Oper hat ihr Corps de Ballet. Seinerzeit, als die Mode in Berlin ihre großen, zum Teil mitreißend schönen und eleganten Premieren zelebrierte, waren es die Mannequins, die wie ein Corps de la mode auf der Bühne auftraten. Ihnen gebührt ein besonderes Kapitel in der Geschichte der Mode in Berlin, denn nicht zuletzt sie haben den Ruf und Ruhm der Modellhäuser zum Klingen gebracht. Ein Kleid auf dem Bügel – was ist das schon, eine Jammergestalt. Aber mit Eleganz vorgeführt, mit Können und Intelligenz getragen, kann eine „Jammergestalt" zu einem „Traum" werden. Berlin hatte damals ein, wie es schien, unerschöpfliches Reservoir an schönen, eleganten Mädchen und jungen Frauen, die in den Modellhäusern vorführten. Nicht nur attraktiv, unendlich gepflegt, geschmeidig in ihren Bewegungen waren sie, das war Voraussetzung in ihrem Beruf, viele von ihnen waren mehr – sie waren kultiviert, sie hatten persönliche Ausstrahlung. Und auch diejenigen, die Stil und das gewisse Etwas der inneren Eleganz nicht von Hause aus mitbrachten, lernten schnell, wie sie aufzutreten, sich zu bewegen, wie sie die anspruchsvolle Eleganz zu repräsentieren hatten, die am Kurfürstendamm entworfen und hergestellt wurde.

Es gibt Namen, die bis heute nicht vergessen sind. Bettina Lauer, die ihre ersten Stilübungen mit Werner Lauer zusammen absolvierte und später jahrelang für Auswahl und Präsentation des Modehauses Horn verantwortlich war. Elfi Wildfeuer, Gaby van Cleef, Margarethe Goerdt, die eine Ausbildung als Tänzerin hatte, es war eine Augenweide ihren Bewegungen zuzuschauen. Brigitta Schilling machte als „Botschafterin der Mode" für Berliner Konfektion Reklame. Margaretha, die schöne Schwedin, ist heute die Herrin über das Escada-Imperium. Lola – sie war bezaubernd unorthodox und heiratete bald einen namhaften Industriekapitän, Hilke Keller, Renate Stind, Katja Schwabe, die später selbst Kollektionen entwarf, und schließlich Susanne Erichsen. Sie bereiste als Miß Germany die Welt, die sie wissen ließ, daß es in Deutschland Schönheit gab, was sich jenseits von Kanal und Ozean niemand so recht vorstellen konnte oder wollte. Wenn Susanne Erichsen in einem Kostüm von Geringer & Glupp mit ihren beiden Afghanen an der Leine über den Kurfürstendamm ging, blieben die Passanten bewundernd stehen. Sie waren eine Augenweide, diese Mannequins, die einen Berlinerinnen, andere kamen aus Westdeutschland und dem

Links: So schritt sie daher, die Märchenbraut, die den Schlußpunkt unter jede der festlichen Premieren bei Staebe-Seger setzte.
Foto: Nina von Jaanson.

Ausland. Daß sie lang und schlank zu sein hatten, war selbstverständlich – eine boshafte Zunge nannte sie Stabheuschrecken –, denn Couturemodelle, die in einer Premiere gezeigt werden, sind im Grunde Stilisierungen eines Modells, ein Original, das nur von wenigen getragen werden kann. Aber darüber hinaus hatten diese Vorführdamen Geschmack, sie wußten, wie sie sich mit äußerster Rafinesse zurechtmachen mußten, so daß ihre Erscheinung bei aller Perfektion natürlich und kultiviert wirkte. Ihre Ausstrahlung ließ Eleganz glaubhaft und die Kleider, die sie vorführten, selbstverständlich erscheinen.

*

Sie waren eine Klasse für sich. Sie repräsentierten ihr Haus und posierten als Models für die Fotografen. Denn in neuer Pracht, ehrgeizig, auf Hochglanzseiten und goldbestaubt, informierten mittlerweile Mode- und Frauenzeitschriften über die Entwicklung auf dem Laufsteg, über Lebensstil und neue Standards. Im Verein mit dem Wirtschaftswunder wurden die Wunder der Mode und die Schönen, die sie vorführten, im Bild festgehalten. In den alten Nummern der Journale sind sie archiviert, sind sie zwar eindimensional, aber immerhin oft in Farbe zu bewundern.
Nachfolgerinnen hatten sie nicht. Mannequins gab es in den Jahren danach und gibt es heute, denn Modenschauen und die internen Vorführungen für die Kunden finden statt. Aber dieser besondere Typ der schönen, fotogenen „Vorführdame", den die Berliner Modellhäuser seinerzeit suchten, fanden und kultivierten, wurde auf deutschen Laufstegen nicht mehr gesehen. Es war ein seltsames und irgendwie herzbewegendes Vergnügen, Ende der achtziger Jahre eine dieser damals jungen Frauen wiederzusehen. Uli Richter, der letzte, der noch in Berlin ein Modellhaus geführt hatte und heute hin und wieder für ausgewählte Kundinnen Modelle entwickelt, zeigte wieder einmal eine seiner luxuriösen, urbanen Kollektionen. Und Hilke Keller war eine der Vorführdamen, schön, apart, von selbstverständlicher Eleganz der Bewegungen und persönlicher Ausstrahlung wie vor vielen Jahren.

Rechts: Mit großer Allüre entwarf Heinz Östergaard seine Abendkleider wie etwa dieses aus prismengrünem changierendem Seidentaft.

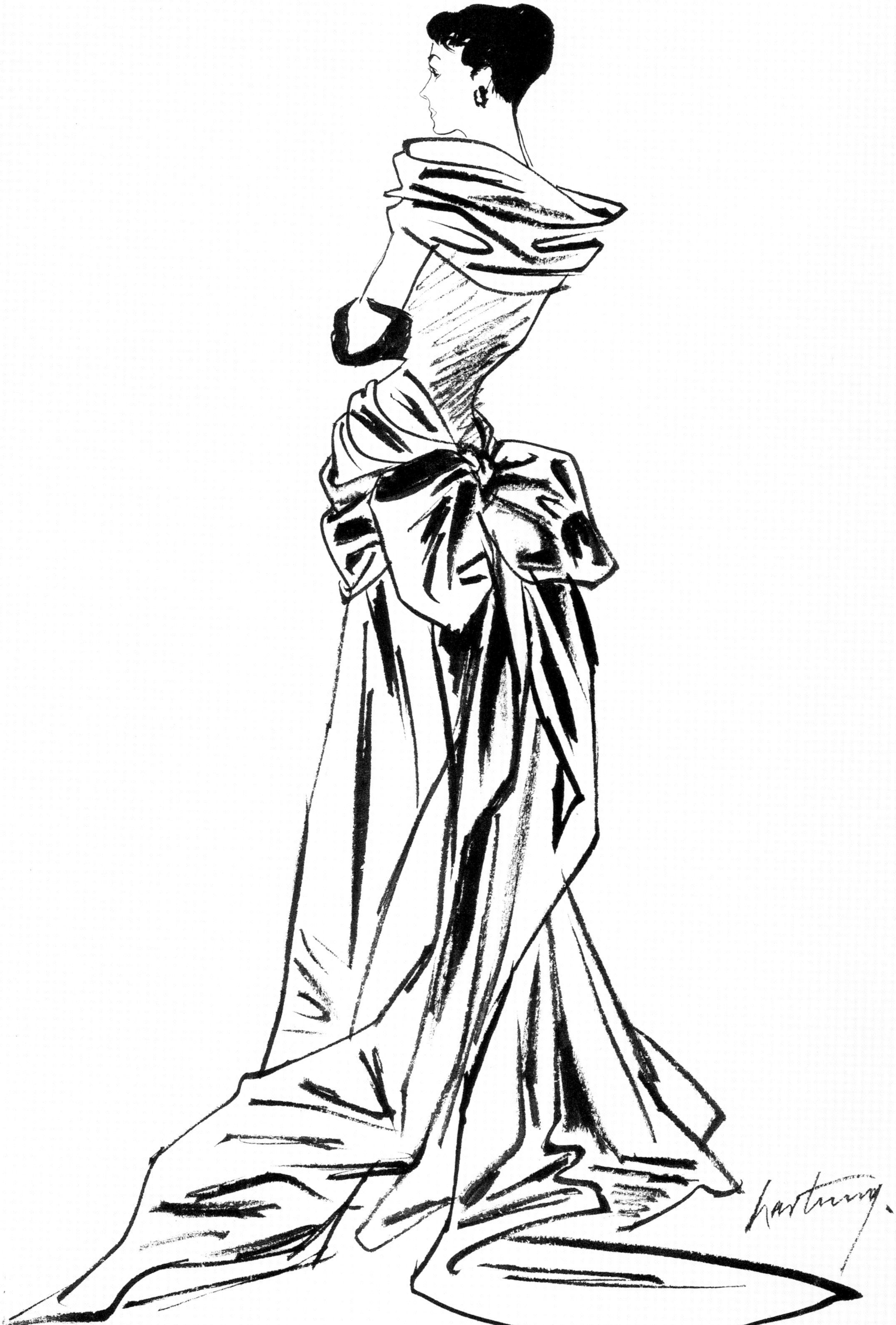

März 47

Top Ten

Das Wort Eleganz kam auf diesen Seiten immer wieder vor. Heute habe ich so meine Schwierigkeiten mit dem Begriff, wenngleich es sie sicherlich noch oder auch wieder gibt, doch ist ihr Umfeld, ihr Kontext so verändert, daß „Eleganz" eine gewisse Patina angesetzt hat. Aber von 1950 an, nachdem die Bekleidungsindustrie und mit ihr eine Handvoll von Modellhäusern zu neuem Leben erwacht waren, die sich als Couture verstanden und Mode in kunstfertiger Handarbeit herstellten, war Eleganz ein Begriff, der mit den Modellen und dem Stil, den sie vertraten, übereinstimme. In Nuancen und im Ausdruck unterschiedlich, denn jedes Talent – und nun sind wir bei den „Modeschöpfern" angelangt – hatte seine eigene Handschrift. Und jedes Modehaus seine eigene Struktur, bestimmt und beherrscht von denjenigen, die mit ihrem Konzept das Image des Hauses entwarfen.

Die Mode scheint eine gestrenge Herrin zu sein, die ihren Untertanen, mit deren Hilfe sie sich selbst immer wieder erneuert und in Szene setzt, viel Kraft abverlangt. Wie anders ist es zu verstehen, daß fast alle, die damals vor vierzig Jahren in Berlin dieses lebendige, interessante und immer wieder neugierig machende Bild der Mode entwarfen, längst in ein anderes „Atelier" hinübergewechselt sind. Berichterstatter scheinen zäher zu sein, denn noch heute beobachten sie das modische Weltbild am zunächst noch östlichen Rand Europas. (Die Randmarkierungen können sich verschieben.) Ehe sie im großen Wurf der Geschichte, die Erstaunliches zu bewirken vermag – ehe sie verloren gehen, sollen die Top Ten hier noch einmal „erzählt" werden, aus eigener Anschauung, und wie es nicht anders sein kann, subjektiv.

*

„Sind wir gerade Freunde oder Feinde?", Hans Gehrlinger nickte der ziemlich schüchternen Berichterstatterin zu, die über den Modeball zu schreiben hatte. Sie hatte gehofft, ein paar goldene Worte vom Meister zu erwischen, aber er legte seine Hand unter den Ellbogen seines Starmannequins Susanne Erichsen, in platinfarbenem Seidentaft, und führte dieses sein neuestes Modell weiter durch die Boogie-Woogie-Wogen des Balles. Natürlich wußte er gar nicht, wer ihn da begrüßt hatte, tapfer, weil's denn von Berufs wegen sein mußte, aber ohne,

Links: Schleifen sind seit je ein Lieblingsspielzeug der Mode. Hans Gehringer setzte eine große Schleife auf eine interessante Stelle, chic – aber auch bequem zum Sitzen? Der Hut ist ein Modell von Hertha Mecklenburg, der Meck.

daß bei diesem kürzesten aller Interviews etwas herausgekommen wäre. So war er, der Meister. Seinen Sternen, seinen Inspirationen zugewandt. Gehringer und sein Partner Glupp hatten ihr modisches Domizil am Kurfürstendamm, Ecke Uhlandstraße. In einem der schönsten Bauten, die aus der Zeit der Jahrhundertwende auf uns überkommen sind. Der Denkmalschutz hütet diese Kostbarkeit, die seinerzeit den Rahmen hergab für die Inszenierungen des Modellhauses Gehringer & Glupp. Die Ideen und stilistischen Ausdrucksformen Gehringers, sein lässiges Spiel mit Linien, Charakteren, großzügiger Noblesse und liebenswürdigen Details, mit Farben von zurückhaltender Anmut ebenso wie von künstlerischem Furiosum waren zweifellos von Mal zu Mal ein ästhetisches Vergnügen. Lernstoff für Anfänger, die sehen konnten, wie Geschmack, Kultiviertheit, wie Klasse in Mode umgesetzt wurde. Übrigens gehe Gehringer, so hieß es, niemals nach Paris, um den neuesten Trend nach Möglichkeit an der Quelle zu studieren, er baute auf sein eigenes Gefühl für die Tendenz von morgen.

Diese Stunden des Lernens wurden allerdings teuer erkauft. In dem runden Raum über dem Eck des Kurfürstendamms, einem Raum, dessen Plafond mit einem üppigen Kranz aus Büten und Früchten in wunderbarer Stuckarbeit verziert war, standen die Stühle dicht an dicht. In der ersten Reihe niedrige Polsterstühlchen in Braun, später mit Leopard in sanfter Synthetik bezogen, hier wurden die Freunde des Hauses und die guten Kunden plaziert. Dahinter in zweiter und dritter Reihe durfte das Fußvolk der Presse sitzen, auf zierlichen goldenen Stühlchen, die der Anatomie bittere Qual verursachten, auf diese Weise aber das Notizen machende Gehirn besonders wach und lebendig hielten. Der Meister selbst ließ sich nicht blicken. Auch die Bravorufe, die Begeisterung seines Publikums vernahm er nur gedämpft hinter den Samtportieren, die Umkleide- und Regieraum vom Salon trennten. Seine Sensibilität, seine Probleme, die er jenseits der Mode mit dem Alltag hatte, wurden respektiert, das Werk allein zählte. Auf dem Höhepunkt seines Erfolges, 1956, starb Hans Gehringer. Es war ein Verlust für das Panorama der Mode in Berlin. Wenngleich seine Nachfolger in seinem Stil und mit Fingerspitzengefühl für die modische Atmosphäre des Hauses weiterarbeiteten –, es waren nicht mehr die Gehringer-Kollektionen.

1957. Linienspiele und Tageszeiten der Eleganz. Rechts Modelle von Gehringer, oben Komplets von Horn.

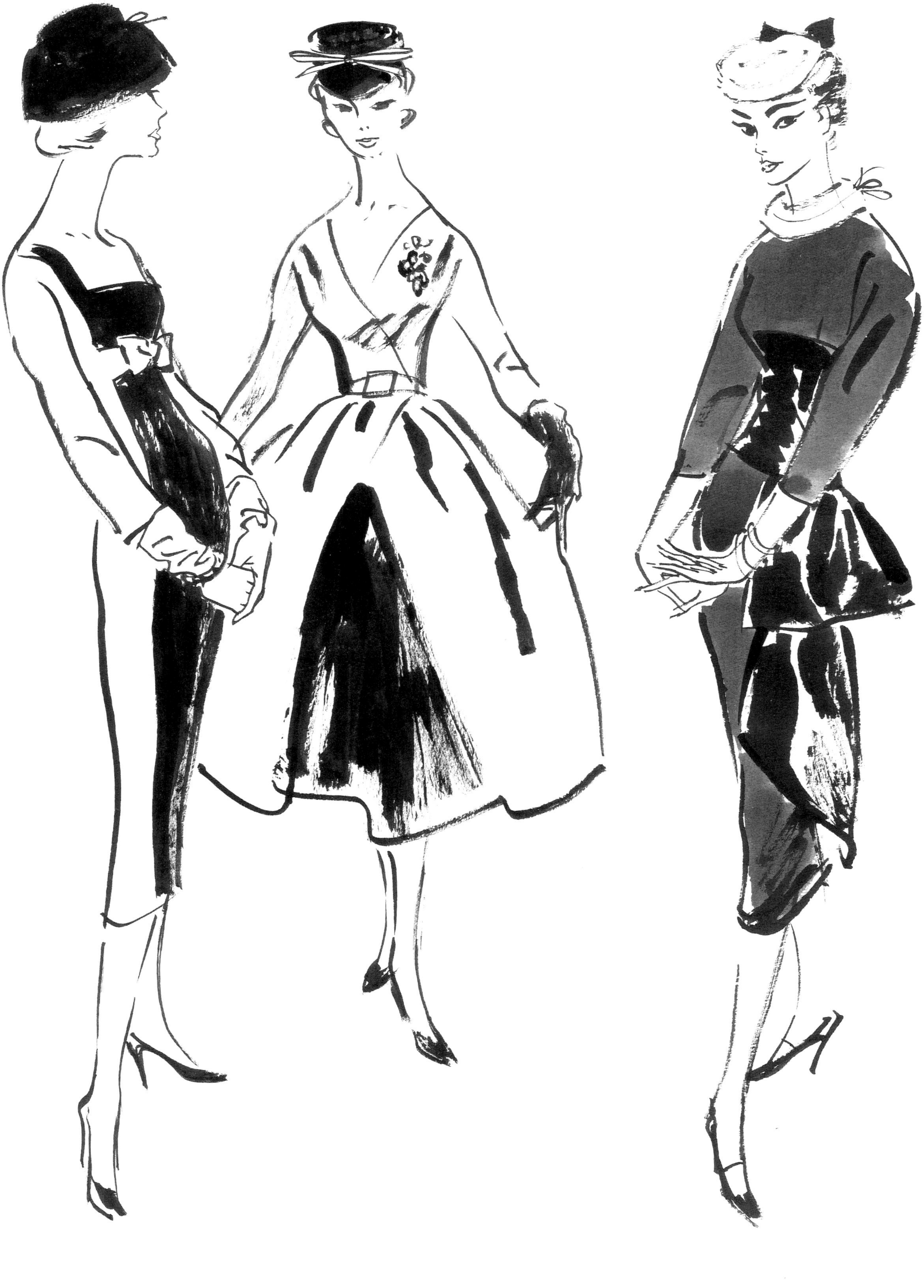

„Und nun, meine Damen und Herren, präsentieren wir Ihnen das Lieblingsmodell des Hauses Staebe-Seger, es trägt den Namen ‚Dorian Grey'." Mit zierlicher Kopfbewegung wandte Herr F., der lange, schmale, Stich für Stich handgeschöpfte Assistent des Hauses seine Aufmerksamkeit auf den silbergrauen Bogen, unter dem die Offenbarung, das Lieblingsmodell, erscheinen würde. Alle Köpfe wandten sich gleich dem des Herrn F. dem Tor der Überraschungen zu, und ins blendende Licht der Kristallüster und der Scheinwerfer trat „Dorian Grey". Ein Kostüm übrigens von besonderer Perfektion, wenn es denn überhaupt in diesem Hause am Kurfürstendamm 36/37 etwas geben sollte, das weniger perfekt wäre. Gerd Staebe und Hans Seger, beide schon jahrelang auch vor dem Krieg im Metier zu Hause, hatten sich zusammengetan und sich der äußersten schneidertechnischen Vollkommenheit, dem größten Luxus von Stoffen, Materialien und Accessoires verschrieben. Ihre Modelle aus edelster Wolle, Cahsmere und Vikunia, aus Seidensatin, Chiffon, Chantillispitzen, gepaspelt, mit Borten und Schnallen, mit Bändern und Schleifen, Rüschen und üppiger Stickerei in wahre Wunder der Schneiderkunst verwandelt, durften als absoluter Ausdruck des Wirtschaftswunders betrachtet werden.

Ach, wie mühte man sich seinerzeit, eine Einladung zur Premiere bei Staebe-Seger zu ergattern. Die neue Berliner Gesellschaft versammelte sich auf roten Seidensöfchen, im Modell des Hauses selbstverständlich, bewunderte, klatschte dezent Beifall, klatschte noch dezenter über die anderen Anwesenden. Was für ein Vergnügen, sich hier zeigen zu können!

Brillanten blitzten, Perlen schimmerten sanft, Frisuren vom Meistercoiffeur, der gerade in Mode war, wurden gekonnt bewundert. Es war zu sehen, daß die erst wenige Jahre alte D-Mark, das neue Rubelchen, rollte. Im übrigen, etwa 50 000 lebten davon damals in Berlin, 50 000, die via Mode und Bekleidungsindustrie Lohn und Brot erhielten.

Die Premieren bei Staebe-Seger galten als ein Ereignis, das „man" nicht versäumen durfte. Abgesehen vom Luxus der hollywoodreifen Kleider, einer Eleganz, deren Perfektion von vielen als das non plus ultra am Kurfürstendamm angesehen wurde, entzückte das Haus seine Premierengäste in der Pause mit einem ebenso eleganten und perfekten Buffet. Hummer und Lachs, Kaviar und Parmaschinken, die köstlichsten Früchte und raffiniertesten Desserts waren auf die Farben der Kollektion abgestimmt, und auch diejenigen, die von Berufes wegen an diesem Spektakulum teilnehmen durften und sich nicht einmal eine Schleife von Staebe-Seger hätten leisten können, verspeisten mit Genuß ein Hummerbeinchen und Erdbeeren im Februar, die es damals für Durchschnittsberliner noch nicht gab. Und wenn dann als Extradelikatesse Hans Seger, der Bonvivant mit strahlendem Lächeln, ein Couplet aus dem Konfektionsmilieu der zwanziger Jahre zum Besten gab, was er ebenso gut konnte wie Kostüme für die Dame entwerfen, aber natürlich nicht bei jeder Premiere tat, waren die auf diese Weise ausgezeichneten Gäste eingestimmt auf den zweiten Teil der Schau, auf die Träume der Abendroben und den Höhepunkt dieser schimmernden Traumlandschaft – die Braut. Das ewig Weibliche zog sie hinan. Ja, tatsächlich.

*

Wer immer sich für Mode interessierte, hatte einen Fixpunkt in Berlin. Die reizvollste, die schönste und immer wieder faszinierende Ecke am Kurfürstendamm lag an der Meineckestraße. An den Schaufenstern des Modehauses Horn konnte man niemals achtlos vorübergehen, denn die Horns hatten einen sicheren Geschmack in dem, was sie anboten, ein Gefühl für urbane, weltläufige Eleganz, und dieser Chic war ebenso lässig, aber ausgesprochen einfallsreich und von künstlerischer Hand dekoriert. Die Horn-Fenster waren ein anregendes Vergnügen, diese mit einfachsten Mitteln, aber sensiblem Sinn für Form und Farbe gestalteten Fenster, modische Bühnenbilder, die nur um ihrer selbst willen angeschaut wurden.
Selbst die Touristen in damaliger Zeit, die es wagten „hinter dem Eisernen Vorhang" die Stadt Berlin zu besuchen, wußten, daß man sich die Schaufenster von Horn unbedingt ansehen mußte. Mit dem Umzug zur Ecke Uhlandstraße in späteren Jahren und einem Revirement des Unternehmens verlor dieses Juwel am Revers des Kurfürstendamms beträchtlich an Charakter und Charme.
Im ersten Stock des Hauses, über der erlesenen Verführung im Detail, hatte „Horn-Modell" seine Ateliers. Hier entstanden Kollektionen, die in elitären Geschäften im In- und Ausland verkauft wurden. Entworfen wurden sie von Gerda Elster, einer selbst-

„Sportiv" wurde ein vielzitierter Begriff für Vormittagschic und Reise ...

... und „sportiv" waren die Damen auf der Tribüne.

Die sechziger Jahre waren ziemlich vergnügungssüchtig. Abendkleider (rechts) wurden mit Leidenschaft entworfen – und gezeichnet, wie das Beispiel zeigt. Modell Östergaard.

bewußten, energischen Modefrau, die das kreative Handwerk verstand. Ein sportlich selbstbewußter Grundtenor, mit neuen Ideen beim Spiel mit dem Material, schuf das modische Ambiente zwischen Flughafen, Golfplatz und Tenniscourt, Luxusliner und Dinner am Kamin. Gerda Elster stilisierte grauen Flanell – „Der Mann im grauen Flanell" war gerade ein Hit als Roman und Film – zum langen Abendrock, am Kamin zu tragen, sie kreierte ein Abendkleid aus zartlila Sämischleder, sie fand, daß Eleganz eine unbefangene, bewegliche Leichtigkeit haben müsse, und damit war sie ihrer Zeit schon einen Schritt voraus. Die Premieren im Hause Horn waren wieder ein völlig anderes Erlebnis als in den anderen Häusern, sie hatten eher den Charakter eines Empfangs bei einem Grandseigneur. Die Modepresse war so ziemlich unter sich, man saß dichtgedrängt und ockerfarben in dem relativ kleinen Vorführraum, man mußte nicht absolut „fein" sein, durfte reden, konnte entspannen, Mode hatte hier auf bestimmte Weise unorthodoxe Züge.

*

Als strahlender Held der Mode, hellblond und blauäugig in der Rüstung seiner Liebenswürdigkeit, kam, sah und siegte Heinz Oestergaard. Seine Modelle waren eine gekonnte Mischung aus Farbensinn, klarer Silhouette und oft geometrisch angelegtem Dekor, aus zuweilen herzerfrischend jungen Ideen und genauem Verkaufskalkül auf der damenhaften Linie. Mit diesem Erfolgsrezept und seiner persönlichen Ausstrahlung eroberte Oestergaard seinen Teil des modischen Spielfeldes im Sturm. Bei seinen Pressepremieren traf „man" sich – „Wie denn, Sie waren nicht bei Oestergaard?" – und abgehakt von der Liste der High Society war der arme Teufel.

Heinz Oestergaard schenkte sein Lächeln ohne Ansehen der Person, sofern sie auf der Presseliste stand und eingeladen war. Immerhin, die junge Journalistin, auf dem modischen Parkett noch wenig routiniert und von Schüchternheit geplagt, nahm es erleichtert zur Kenntnis, daß auch sie hier mit dem berühmten Lächeln bedacht wurde. Sie fand es nicht leicht, sich auf diesem für sie ungewohnten Boden zurechtzufinden. Und außerdem zu lernen, wie man diplomatisch zu sein hatte. Denn am Ende einer jeden Premiere wurde, in welchem Hause auch immer, vom Schöpfer der neuesten Kreationen selbst oder

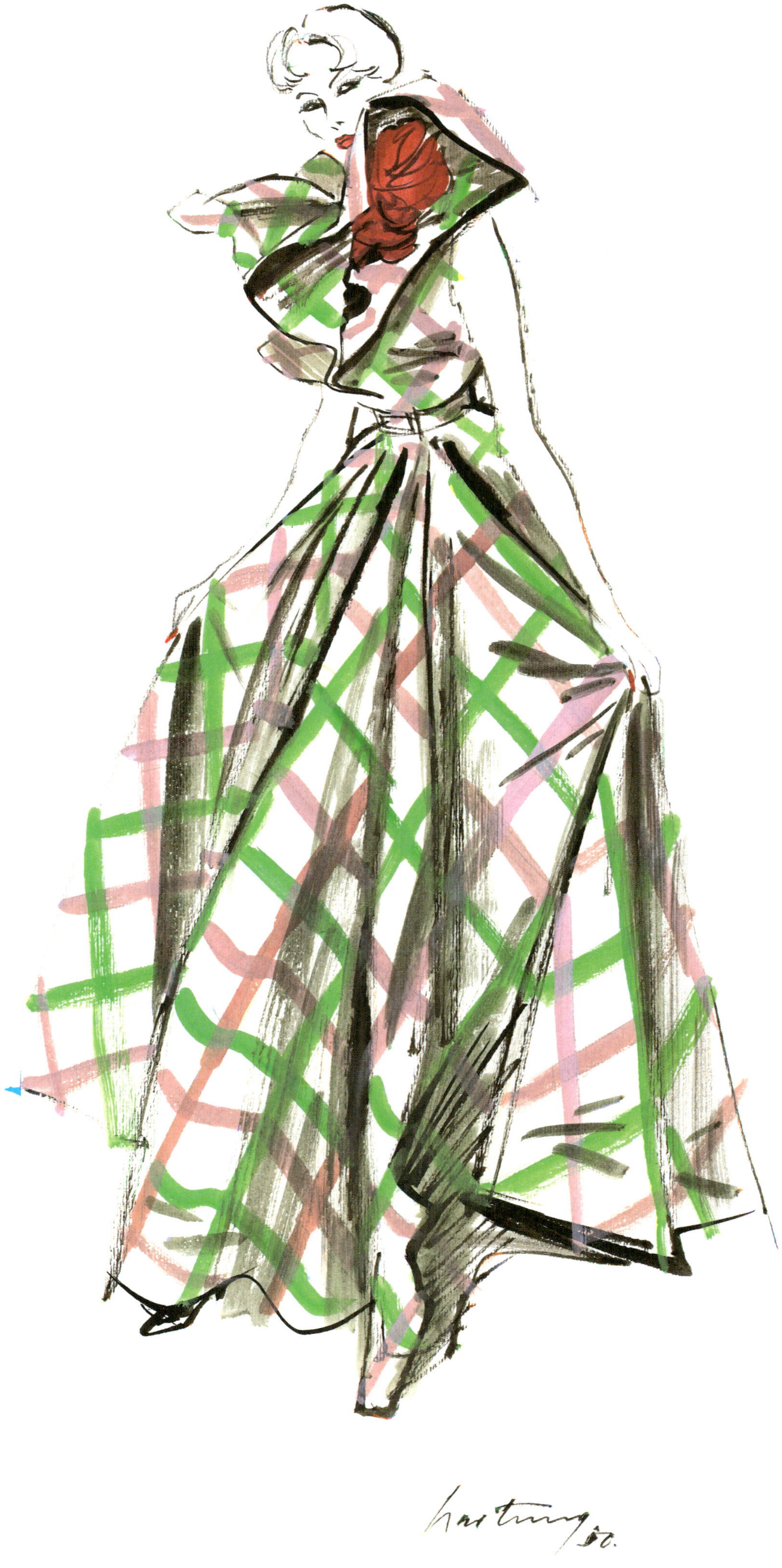

einem seiner Adjutanten die Cour abgenommen. Hand schütteln, lächeln, in so manchen Fällen unter inneren Krämpfen sagen „Oh, es war eine wundervolle Schau." War es gar nicht, aber wie konnte man die Künstler mit Schere und Nadel kränken, sagen, daß sein Werk nicht besonders gefallen hatte. Es war die private Meinung, überdies zwei oder drei gelungene Modelle waren ja doch zu entdecken gewesen. Nein, Kritik anzubringen, das brachte in dem Augenblick niemand fertig. Wenn man Glück hatte, konnte man sich unbemerkt zum Ausgang durchschummeln. Mit der Zeit aber lernte man es, auf diplomatisch liebenswürdige Weise alles und nichts zu sagen. „Zauberhafte Modelle", murmelte man „vielen Dank für das Erlebnis!" Daß da nur zwei Kleider ein Erlebnis gewesen waren, damit brauchte man den Meister ja nicht zu verwirren. Und außerdem sieht eben jedes Auge die Sache anders.

*

Das pure Gegenteil vom strahlenden Prinzen war ein anderer der Top Ten, war Hermann Schwichtenberg, kurz Schwichte genannt. Seine Lehrzeit hatte er noch am Hausvogteiplatz absolviert. Schwichte und seine Frau waren im schillernden Scenario von Samt und Seide, von teurem Duft und süßem Lächeln ein fast „unangemessen" bürgerliches Paar. Am Kurfürstendamm, Ecke Wielandstraße, hatten sie ihre Stätte der hohen Kunst der Schneiderei eröffnet. Qualität des Materials, eine äußerlich nie saloppe, aber doch ungezwungene Eleganz, die Selbstverständlichkeit einer guten Klasse waren das Markenzeichen des Modellhauses Schwichtenberg. Der Designer Jonathan Gschwilm, jung, einfallsreich, mit absolutem Gespür für die Tendenzen der Mode, die in der Luft liegen, war die andere Komponente beim Entwurf. So wurde von Kollektion zu Kollektion die Balance einer seinerzeit namhaften Berliner Modellfirma hergestellt. Unter den Vorführdamen fiel Irina auf, eine Russin mit ebensoviel Charme wie Klugheit, die eine weltgewandte Erziehung aus gutem Hause mitbrachte. Premieren bei Schwichtenberg waren pure Arbeitsstunden. Kein Luxus des Interieurs, Stühle mit mausgrauem Polster, kein Buffet, zuweilen ein Glas Sekt. Aber daß Rut Brandt, die Erste Dame Berlins, zuweilen in der Schau saß, eine der bestangezogenen Frauen, die je auf

H-Linie, extravagant ins Bild gebracht. Schwichtenberg präsentierte dieses Modell mit Ozelot und großem Schal um 1963. Zum Cocktail entwarf er die kurze schwarze Kuppellinie (rechts und oben).

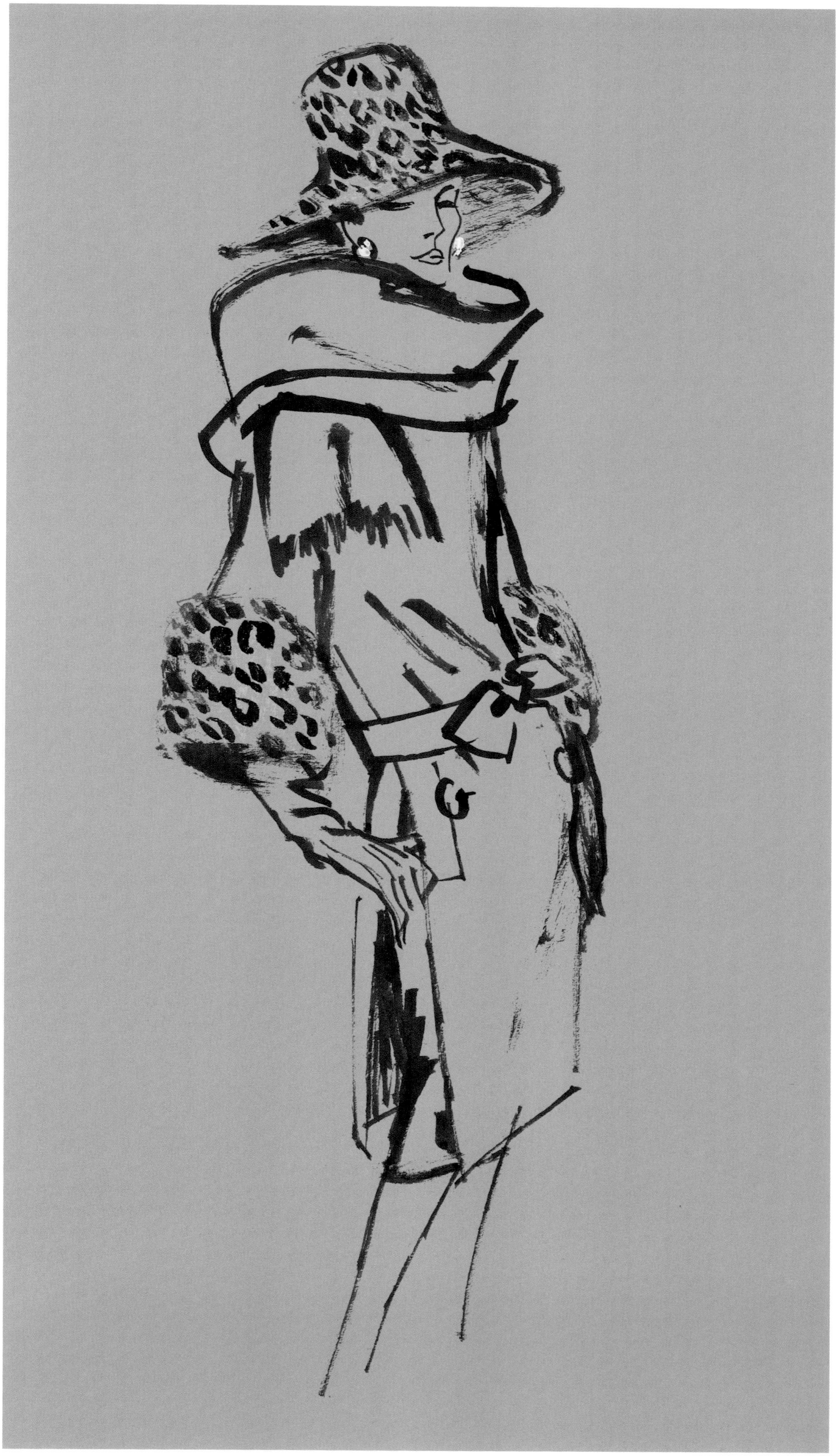

offiziellem Parkett der Politik des Landes gestanden haben, zeigte das Format dieses Hauses, das nicht viel auf Äußerlichkeiten gab.

*

Zehn Tage Durchreise, Tag für Tag vier bis fünf Premierenschauen und Veranstaltungen am Rande wahrnehmen, zu nächtlicher Stunde Berichte für die nächste Ausgabe der Zeitung schreiben, Modelle zum Fotografieren auswählen, Regieanweisungen geben! Die Durchreisezeit bedeutete harte Arbeit. Hunderte von Silhouetten, Linien, Farben, Mustern mußten angesehen, Tausende von Pünktchen, Blumen, Streifen, Karos mußten ertragen, vor dem inneren Auge gebündelt und konserviert werden, denn über jede der Schauen war zu berichten. Am Ende des langen Tages die Intuitionen der einzelnen Schöpfer auseinanderzuhalten und nicht in einem danteschen Inferno aus Plünnen, Farben und falschem Schmuck zu versinken, garniert mit sanfter Seelenmusik oder ohrenzerreißendem Boogie, Rock und was sonst gerade „in" war – diese Anstrengung wollte in Schönheit und mit Grazie ertragen sein.

Wir gaben uns alle Mühe, das Marathonrennen über die Distanz von acht bis zehn Tagen in Schönheit und Grazie zu gewinnen. Verlierer gab es nicht, Mode erhält jung und elastisch. Aber dennoch war es zu verstehen, wenn gegen Ende der Woche, bei den Schauen mit den spätesten Terminen, die Konzentration nachließ. Wenn das fünftausendfünfundfünfzigste Modell: „Baden-Baden, Complet aus geblümtem Seidenchiffon", nicht mehr die Aufmerksamkeit genoß, die ihm gebührte.

Opfer dieser gestörten Konzentration, weil mit einem späten Termin, war immer wieder Hans W. Claussen, einer der liebenswürdigen Stillen im Kreise. Claussen stellte vornehmlich Kleider und Complets für die nun wieder in vollem Glanz erstrahlende Saison in Baden-Baden, in Saint-Tropez oder an anderen fashionablen Plätzen her. Dieser Modemann war nicht esoterisch fern wie Hans Gehringer, nicht exclusiv gestylt wie die Herren Staebe und Seger, kein strahlender Held und begehrt von der Society wie Heinz Oestergaard, nein, er war ein Mann, der in seinem Gewächshaus Blumen züchtete und die sanfte grüne Stille liebte. So war er denn auch machtlos gegen die Ermü-

Rechts. Karo Dame. Diese „Spielkarte" der Mode Mitte der sechziger Jahre zeigte Hans W. Claussen in seiner Kollektion. „Dame" war ebenso en vogue wie Karo.

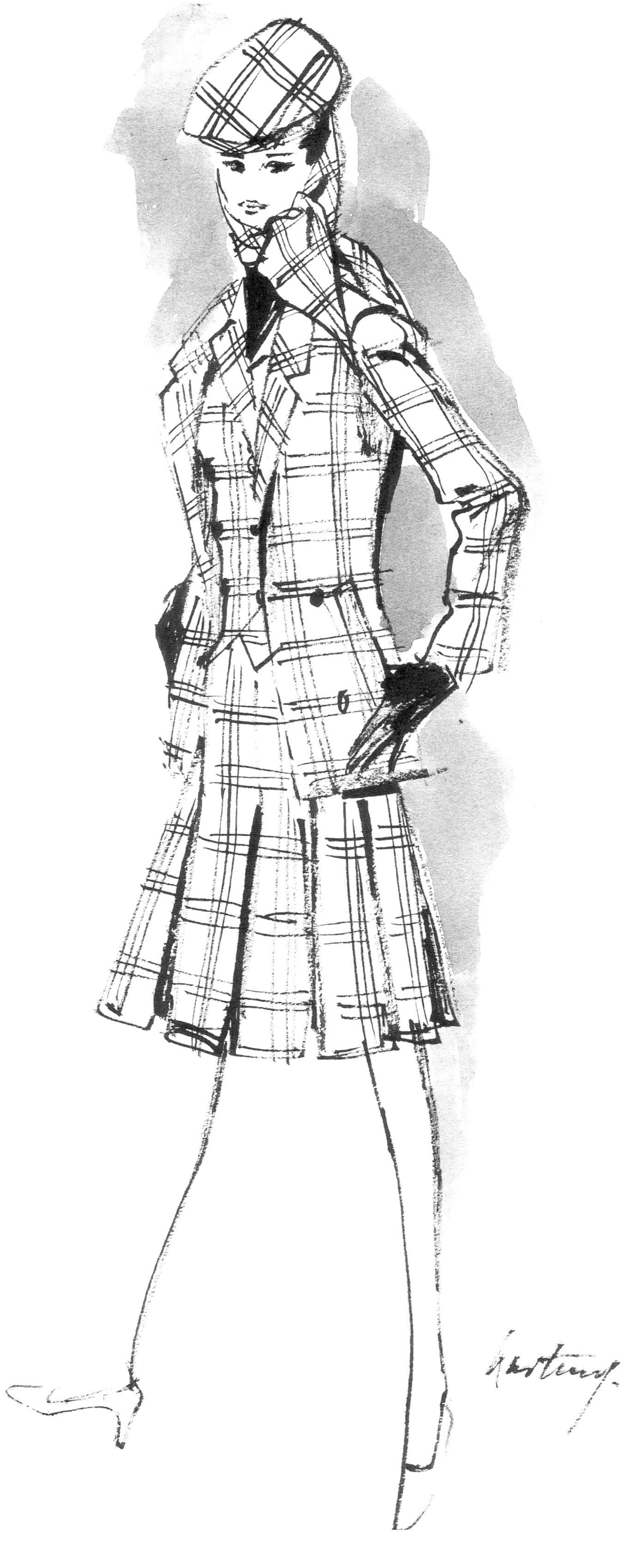

dungserscheinungen, die das Pressecorps zeigte, wenn es in seinen Räumen am Kurfürstendamm, Nähe Fasanenstraße, seinen Premieren mit all den romantischen Blumenkleidern beiwohnte. Hier, bei Claussen, waren sie Menschen, hier durften sie's sein. Sie entspannten sich, sie schwatzten, sie lachten und kicherten, während sie sich pflichtgemäß über die Modelle Notizen machten. Und sie fanden es, wenngleich ihr Gewissen nicht sauber war, doch besonders liebenswert vom Herrn des Hauses, daß er, so wenigstens schien es, dieser albernen Meute nichts nachtrug. Diese Journalisten!

Wir hatten zu berichten

In den fünfziger Jahren war die Mode in Berlin wie eine Primadonna, die bewundert werden wollte, über die berichtet werden mußte, deren Ruhm und Erfolg bares Geld bedeutete. Ob in Berlin tatsächlich MODE gemacht wurde, darüber gingen die Meinungen, genauer gesagt, ging die Definition des Begriffes verschiedene Wege. Nach strengem Maßstab ist der Mode Ursprung, Inspiration und Whirlpool immer neuer Ideen und Tendenzen Paris, damals so wie heute. Aber in Berlin wurden seit jeher diese Ideen umgesetzt in „tragbaren Chic", irgendwann übrigens auch einmal „Berliner Chic" genannt. Die Bekleidungsindustrie von top to toe, von der Spitze der Pyramide bis zur breiten Basis des Stapelgenres, verkaufte ihre Erzeugnisse unter dem Rubrum Mode, und daran ist nichts Falsches. Es war Mode, zum Beispiel, den New Look zu tragen, die A-Linie, das Sackkleid, auf welchem schneidertechnischen Niveau auch immer. Die Primadonna, Modellhäuser wie Industrie, brauchte Publicity. Sie brauchte Reklame. Andererseits war die Mode als Teil der menschlichen Kultur ein Thema, über welches unbefangen berichtet werden konnte. Was Mode war, was man trug und als elegant empfand, was mit Skizzen und Fotografien in die Modegeschichte eingehen würde, das war Stoff für Berichte, Artikel in Tageszeitungen, ausführlicher und breitgefächert in den Magazinen, in denen die Lebensqualität, die Mode und bis zu einem gewissen Grad auch Kunst und Kultur gehandelt wurden.
Durch die Modelandschaft am Kurfürstendamm zu schlendern, den so grundverschiedenen Charakteren und Ausdrucksformen der einzelnen Modefürsten nachzuspüren, war ein Teil der journalistischen Arbeit. War Neugier gemischt mit mancher Freude an schönen Dingen wie Kleidern, die dem persönlichen Geschmack entsprachen. Waren Begegnungen mit Zeitgenossen von verblüffend unterschiedlichem menschlichen „Design". Es bedeutete außerdem die handwerkliche Übung, während der Durchreisetage in kürzester Zeit, weil brandaktuell, ein Bild jener Kollektionen zu vermitteln. Eine Modekritik analog den Kunst- oder Theaterkritiken hätte das Lesepublikum der Zeitung wohl gern gehabt, wir hätten sie auch gern verfaßt. Aber das war nicht möglich. Nein, das, was mißfiel, was nicht gut war in den Augen der Modejournalisten, mußte unter den Tisch fallen, denn jedes Wort der Kritik oder des sanft geäußerten Mißfallens

wurde als geschäftsschädigend angesehen. Was blieb und geduldet, was selbstverständlich erwünscht war, das war eine feinformulierte, großartige Reklame für das jeweilige Modehaus und seine Produktion. Man hatte sich's schließlich Kaffee oder Sekt und zuweilen ein üppiges Buffet kosten lassen.
Um die eigene Meinung beim Niederschreiben dieser Berichte nicht völlig zu korrumpieren, konnten wir den Grad der Zustimmung oder der Kritik lediglich in der mehr oder weniger großen Ausführlichkeit des Berichtes zum Ausdruck bringen. Aber selbst das konnte den Unwillen eines selbstverliebten modischen Stars erregen. Da wurden nämlich die Zeilen gezählt, und wenn die Konkurrenz einen größeren Raum in der Veröffentlichung eingenommen hatte, wurde, so ist's geschehen, die Deliquentin in den kristallgrausilbernen Salon „gebeten" und zur Hölle verdammt. Oder: An einem Sonntagmorgen geschah es, als die Zeitung mit den neuesten Berichten ausgeliefert war, daß das Telefon klingelte. Einer der exzentrischen Exquisiten, der sich nun wirklich mit seinen Einfällen sehr vertan und ins Land des öffentlichen Amüsement begeben hatte, sagte mit leidender Stimme, er habe meinen Bericht gelesen, nun könne er sich einen Strick um den Hals drehen und meine Kritik sei Schuld an seinem Tode – was er nicht einmal scherzhaft meinte. Und das am Sonntagmorgen! Er hat es überlebt. Aber an weiteren dramatischen Sonntag-Morgen-Toden gekränkter Modeschöpferseelen wollte ich nicht schuld sein. Also gab es unmittelbare Beurteilung und Kritik nicht mehr.

*

Dennoch – „Die Presse" nahm bei den Premieren der jeweils neuen Kollektion einen bedeutenden Raum ein. Die Mitglieder des Pressecorps waren gestaffelt und gegliedert nach Größe und Bedeutung des Blattes, das sie vertraten, das leuchtet ein. Da gab es die „Constanze", die „Brigitte", es gab die Goldstaub-Illustrierte „Film und Frau" und die aus dem Schwäbischen kometenhaft aufsteigenden „Burda-Moden", die mit Ehrgeiz und Know how alle anderen überflügelte – eine Königin, deren Zepter schließlich bis nach Moskau zeigte. Es müssen an die hundert oder mehr gewesen sein, die zu den Durchreiseterminen angereist kamen, um Material für ihre Berichte, ihre Bild-

Rechts: Eine der Vorführdamen von unnachahmlicher Eleganz war Bettina Lauer, die in den sechziger Jahren die Modelle von Werner Lauer trug, später für Styling und die künstlerisch reizvollen Schaufenster von Horn verantwortlich war. Eine Aufnahme von Hubs Flöter.

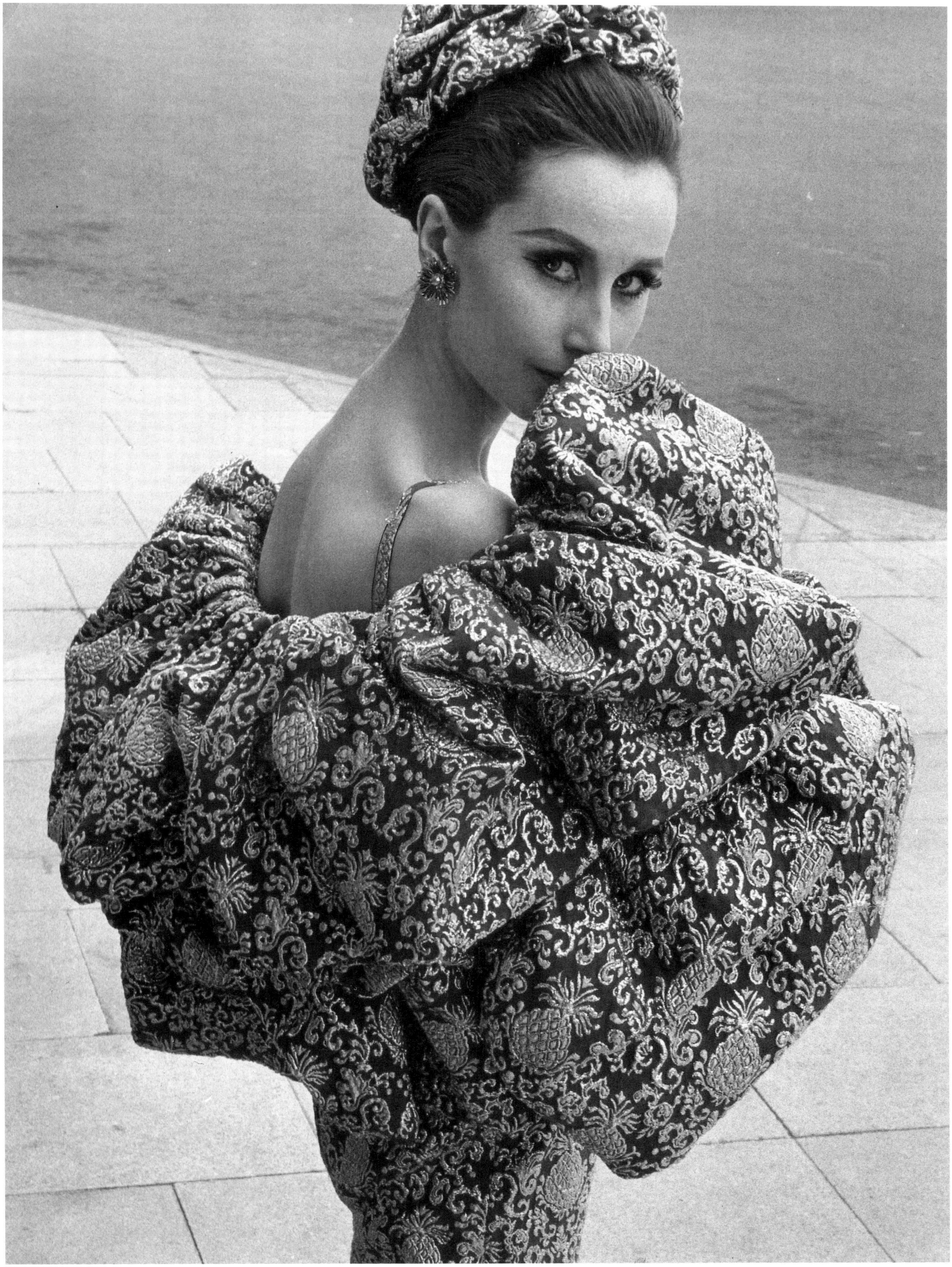

serien und Trendseiten zu sammeln. Die Redaktionen der Zeitschriften waren mit Teams von vier bis fünf Köpfen erschienen, Chefredakteurin, Fachredakteurinnen, Assistentinnen, Fotografen –, sie hielten Einzug in die Salons wie die Fürsten beim nachbarlichen Hofe in den Zeiten der gekrönten Häupter. Daneben verschwand fast das bescheidene Trüppchen der Berichterstatterinnen für Fach- und Tagespresse, für die Agenturen und mindere Publikationen. Sie alle mußten bei den Premieren nach genauer strategischer Berechnung von Auflagenhöhe und Publikumsecho auf den Sitzen am Laufsteg plaziert werden, auf dem das jeweils neue Weltbild der Mode aufleuchtete.
Die Platzeinteilung war ein verzwicktes, verantwortungsvolles Spiel mit vielen Unbekannten. Wer war gerade mit wem befreundet oder verfeindet? Wen durfte man auf keinen Fall neben wen setzen? Von wem war die breiteste Veröffentlichung, der beste, werbewirksamste Bericht zu erwarten? Selbstverständlich hatten die Verleger, die Chefredakteure – weibliche wie männliche – in der ersten Reihe zu sitzen. Aber welche Rolle spielte die erste Assistentin der Chefredaktion, wenn es darum ging, die Modelle des Hauses besonders groß und in Farbe herauszubringen, hatte sie in der ersten oder zweiten Reihe zu sitzen? Welchen Rang hatte die Vertreterin der auflagenstärksten Lokalzeitung zu beanspruchen? War sie wichtiger als diejenige, die für die Zeitung mit dem anspruchsvollen Niveau, aber geringerer Auflage berichtete? Ärger gab es ohnehin jedesmal. Falsche Plazierungen konnten wie beim Streit der Königinnen im Nibelungenlied zur Feindschaft führen, ach, da hat sich nicht viel geändert im Laufe der Jahrtausende.
Das Corps der Modepresse zu beobachten war im übrigen ebenfalls ein interessantes und amüsantes Vergnügen. Wie chic und von elegant gezähmtem internationalem Flair waren doch die Damen von der Pariser Vogue, die es wissen wollten, was in Berlin geschah. In mehreren Häusern – o bitte, nicht in allen – trat mit großer Allüre die ehemalige Reichsmodebeauftragte auf, Make up zart wie Milch und Blut und aufs Teuerste gekleidet, Mode ist eine große Künstlerin. Mit leicht zitternden Händen, aber jungenhaft natürlich und eigentlich kaum blasiert der Modefotograf Norbert Leonhard, der seine sehr jungen Jahre in einem Gestapokeller verbracht hatte, wo er in Zwangs-

arbeit unter Tage Gravuren für falsche Dollarnoten herzustellen hatte. Die Jahre der Arbeit mit der Mode, die ihm Freude machten, hat er nicht lange überlebt. Da war „die Relang", die kleine rothaarige Person mit zuweilen prononciert spitzer Zunge und wunderbarem Blick für das Künstlerische und Wesentliche eines Modefotos, ihre Aufnahmen sind Klassiker einer Kunst, die schönsten „Gemälde mit der Kamera". Da saß mit eleganter Nonchalance im marineblauen Blazer oder in grauem Flanell, Arroganz im Mundwinkel, Hubs Flöter, der oft nur mit der Handkamera arbeitete und bei natürlichem Licht. Seine Fotos waren nicht stilisiert, nicht zur Kunst erhoben, sie hatten den Charme einer bewußt als Mittel eingesetzten Natürlichkeit. Wind und Sonne waren in diesen Bildern.

K. L. Haenchen hatte einen ausgeprägten Sinn fürs Kommerzielle, er streute seine Modefotos über das Land und trug auf diese Weise wesentlich dazu bei, daß Berliner Modenamen weit über Berlins Weichbild hinaus bekannt wurden. Charlotte Rohrbach, deren Aufnahmen von Kunstobjekten vollkommen waren, gehörte zum Clan der Berliner Modefotografen, und schließlich kam aus Hamburg der junge F. C. Gundlach, heute Gastprofessor an der Berliner Hochschule der Künste, international renommierter Fotograf für Mode und Werbung, dessen Modeaufnahmen Ausdruck eines Lebensstils sind.

Diese Fotografen arbeiteten jeweils für die großen Magazine, die Zeitschriften und auch die Tageszeitungen. Sie traten mit ihren Repräsentanten gemeinsam zum Premierenreigen an. Vormittags konnte man sie auf dem Kurfürstendamm und in den Seitenstraßen bei der Arbeit beobachten, vor fotogenem Hintergrund posierten die Mädchen, stimmten die Fotografen Licht und Perspektive, Linienführung und Atmosphäre, Ausstrahlung des Models und ihr Lächeln aufeinander ab. Schnell und mit Fingerspitzengefühl mußte gearbeitet werden, Material wurde gesammelt für viele Ausgaben der nächsten Saison. Die Berliner Passanten hatten ihr Vergnügen daran, diesen Professionals bei der Arbeit zuzuschauen, Berlin und die Mode. Ja.

*

Wie weiland die Königinnen Kriemhild und Brunhilde, so achteten die Damen der glanz-, gold- und buntbestäubten Blätter auf die Wahrung ihres Ranges und ihrer Vorrechte. Sie genos-

Rechts: Für neue stilsichere Kompositionen von Material und Farben hatte Uli Richter einen untrüglichen Sinn. Sein Modell aus amberfarbenem Cord mit Fuchs fand seinerzeit viel Beifall.

sen sie, ließen sich verwöhnen, spielten Lady, Femme fatale oder Businesswoman, und ihrer Garderobe war zu entnehmen, welchem der Häuser sie den Vorzug gaben, vom Stil und der Art ihres Auftritts her gesehen, aber natürlich. Sie waren ein bißchen einschüchternd, diese Damen und Herren der Glanzpapierpresse, und sie hatten die wunderbare Fähigkeit, alle die zu übersehen, die weder Auflagenhöhe noch den Radius der Verbreitung im Hintergrund hatten. Aber ganz so abwesend muß ihr Blick doch nicht gewesen sein, denn viele Jahre später, als sie um einen Beitrag zu einem Band über die Geschichte der Berliner Bekleidungsindustrie gebeten wurde, wandte sich eine der Königinnen, wandte sich d i e Königin an so eine graue Maus der Tagespresse und bat sie, ihr doch diesen Beitrag als Ghostwriter zu schreiben, sie, die Maus, wisse doch Bescheid und habe die Zeit von damals sicherlich noch gut vor Augen. Das hatte sie und hat sie.

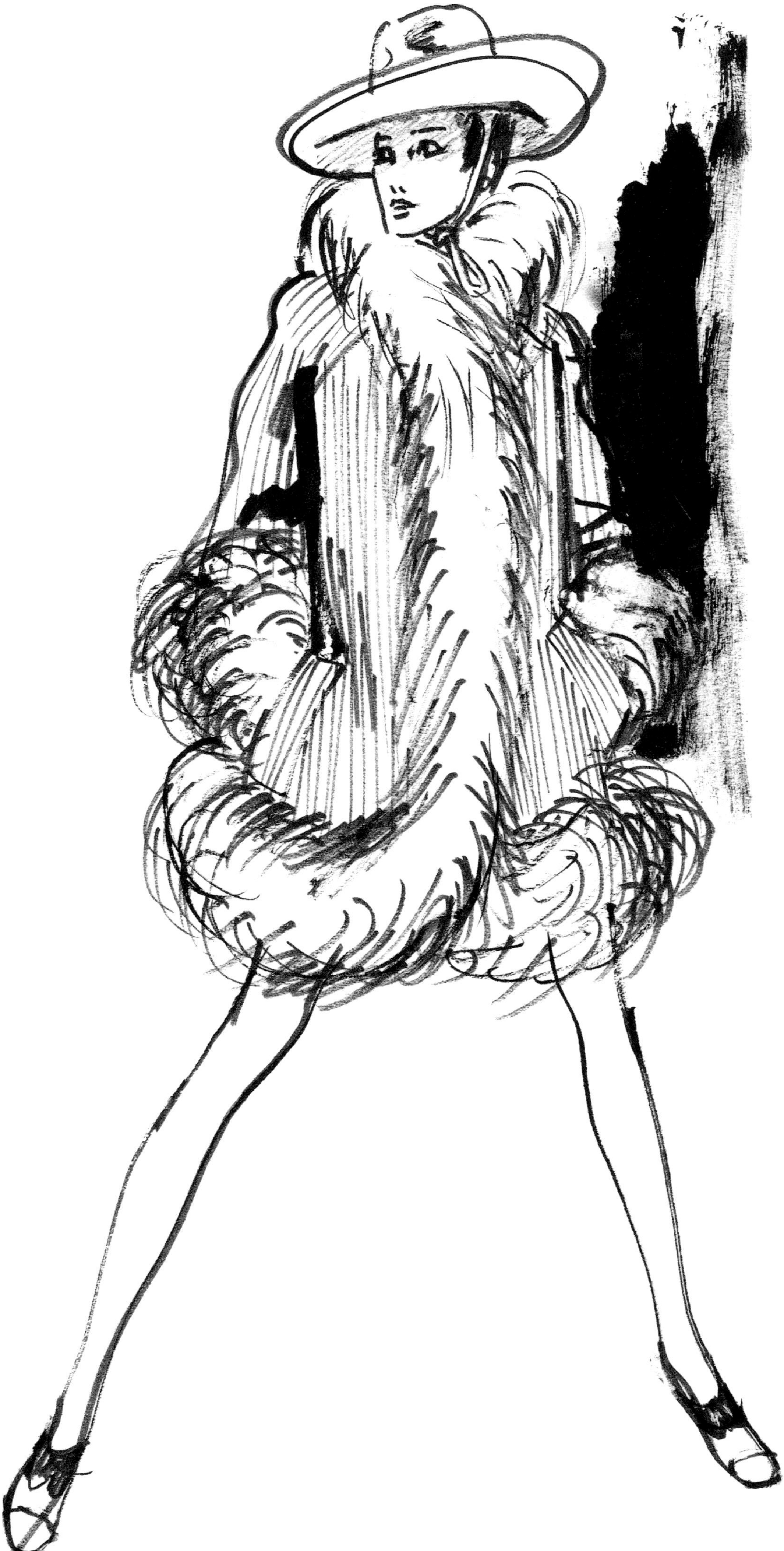

Top Ten – Fortsetzung

Eine Meile entfernt vom Kurfürstendamm und seinen in den Ruinen erblühenden Orchideen der Mode residierte ein eher kleines Haus. In einer Grunewaldvilla hatte „Lindenstaedt und Brettschneider" seine ideenreiche Schaltzentrale eingerichtet. Ilse Brettschneider, genannt Mucki, war die kreative Seele des Geschäfts, sie hatte in New York an der 7th Avenue, dem Zentrum der Bekleidungsindustrie Amerikas, das Handwerk beobachtet und hatte gelernt, wie man Kleider für die Frau entwirft, die im zwanzigsten Jahrhundert ihre eigene Position erkannt hat, die selbstbewußt, mit einer gewissen herausfordernden Kühle und doch mit weiblicher Anmut aufzutreten gedenkt. Die Brettschneider-Modelle hatten eben diesen modernen, unprätentiösen Touch, sie wagten aber auch Amüsantes und sogar Freches. Die Premieren in diesem Hause wurden immer mit Spannung erwartet. Zur Erinnerung gehört überdies die Wärme einer gartengrünen halben Stunde nach der Schau, ein wunderschöner alter Grunewaldgarten mit plätscherndem Springbrunnen in einer moosbewachsenen Grotte, Romantik der Jahrhundertwende mit sanftem leuchtendgrünem Rasen, der von vielen Pfennigabsätzen arg geschunden wurde, mit buntbesticktem Blumenband drumherum. Hier verwischten sich die Konturen der Rangordnung, Mode hatte einen liebenswerten Charakter.

*

Unter der Obhut derer, die einen Namen in der Berliner Modelandschaft hatten, wuchs Nachwuchs heran. Neue Talente wurden gehandelt. Ilse Brettschneider hatte einen Adepten, mit Namen Werner Machnik. Gehringer einen Assistenten namens Peter Kübler herangezogen, der seine Nachfolge antreten mußte und später ein Modegeschäft in der City eröffnete, eine Erinnerung an die kultivierte, lässig elegante Handschrift des Hans Gehringer. Gerda Elster hatte einen jungen Mann, gebürtiger Potsdamer, mit Namen Uli Richter unter ihren Fittichen, sie gab ihm die Chance, seine Begabung unter Beweis zu stellen. Dieser Modejunior war bald flügge. Er tat sich mit Dorothea Köhlich zusammen, die gemeinsam mit Gerda Elster das Haus Horn-Modell profiliert hatte, und gründete ein eigenes Haus. Nach einigen Umwegen war der Name „Uli Richter-Modell" auf dem Tableau der Berliner Modellhäuser verzeichnet und Ende

Rechts: Das kurze junge Abendkleid, zuweilen witzig herausfordernd mit kühnem Dekolleté, machte der langen Robe Konkurrenz. Ilse Brettschneider entwarf dieses amüsante Ballonkleid mit Schleifen.

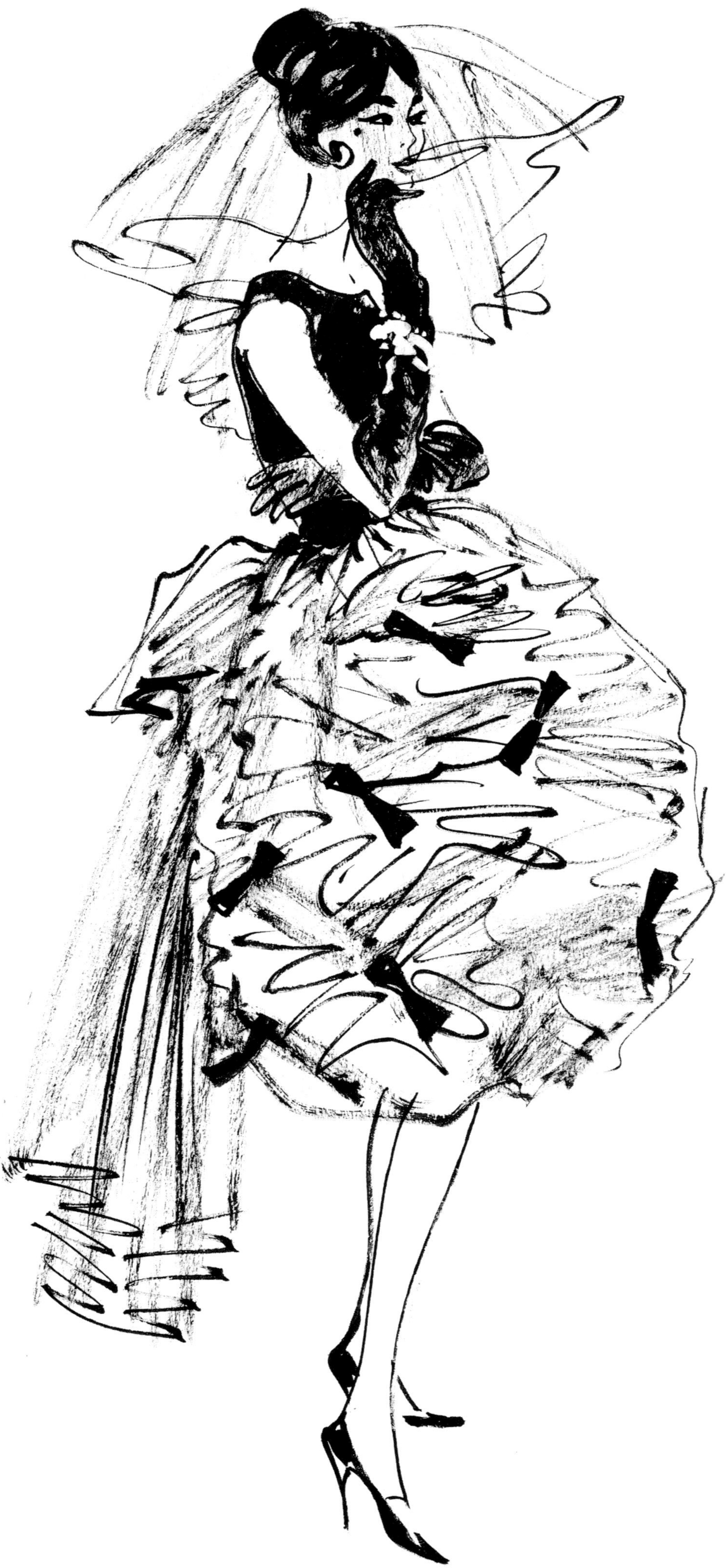

Mit lässiger und doch perfekter Eleganz zog Detlev Albers seine Klientel an. Muster, Material und Farben mischte er mit Sensibilität und dem Auge für wirkungsvollen Auftritt (rechts).

der fünfziger Jahre gab es einen neuen, bemerkenswerten Programmpunkt auf der Premierenliste der Berliner Durchreise. Bei Uli Richter kamen einige Züge zusammen, die seine Arbeit und seinen Erfolg bestimmten. Er war ein Kind aus gutbürgerlichem preußischem Hause, er hatte, wer weiß woher, modisches Fingerspitzengefühl, gepaart mit sicherem Auge für Material und Farbe, er wußte mit der Realität umzugehen, das heißt, er stellte sich vor, was „gut angezogen sein" international bedeutete. Seine modische Maxime war ein lässig eleganter Stil, war vor allem der Set-Gedanke, eine Variante der Mode, die auf Reisen, auf diplomatischem Parkett Sicherheit verhieß. Im Laufe der Zeit zog Uli Richter Frauen aus Politik und Wirtschaft an, die ins Buch der Geschichte eingetragen sind. Sein kühl distanzierter, auf verhaltene Art luxuriöser Stil hat über die Jahrzehnte hin seine Anziehungskraft nicht verloren.

*

In der Uhlandstraße residierte Detlef Albers. Sein modisches Credo hieß, kostbares Material, Cashmere, Seide, zartesten Baumwollvoile, ausdrucksvolle aber dezente Farben und klassische Dessins zu Modellen zu komponieren, die in ihrem unaufdringlichen Luxus perfekt waren. Zur Zeitgeschichte: Es saßen der damalige Regierende Bürgermeister Schütz und seine Familie bei den Premieren in der ersten Reihe und auf dem Presseball jener Jahre trug Frau Schütz ein Modell von Albers. Starmannequin im Hause war Katja Schwabe, eine jener schönen gazellengleichen Berlinerinnen, die life und auf Modefotos zum Ruhme der eleganten Seite der Stadt beitrugen. Sie war selbst ausgebildet im Modeentwurf und hat später innerhalb eines großen Konzerns eine junge reizvolle Kollektion entworfen, deren Grundton ihre eigene Ausstrahlung war.

*

Ein verhältnismäßig kurzes Gastspiel auf der Modebühne durfte Werner Machnik nur geben. Er katapultierte sich vom Lehrling der Mode schnell zum eigenen Hausherrn, arbeitete und empfing seine Kundinnen in der Fasanenstraße und zog sich mit immer wieder neuen, zuweilen unbekümmert herausfordernden, schließlich aber elegant gebändigten Ideen eine Pri-

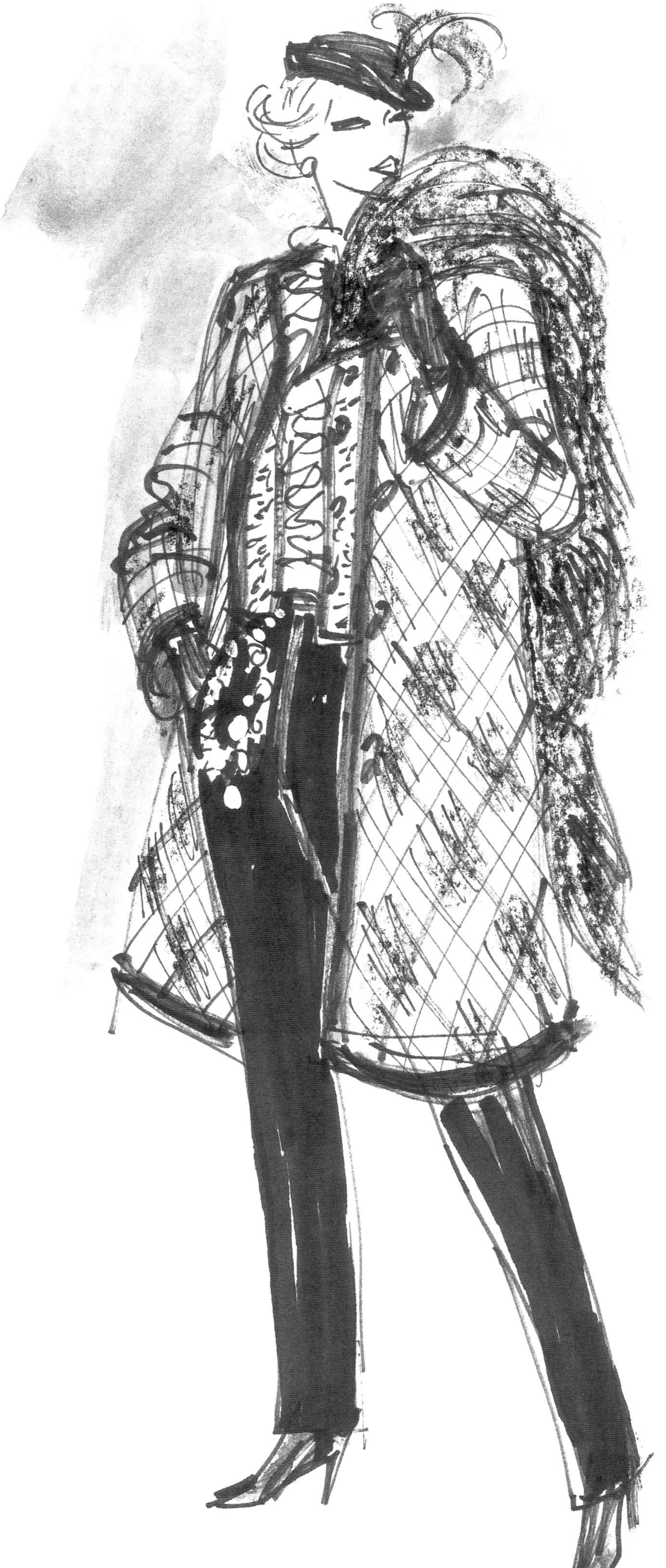

vatklientel heran, die seine Linie schätzte. Er war auf dem Wege, ins Geschäft der Konfektion einzusteigen, als ihn ein böses Schicksal ereilte, dessen wahre Hintergründe und Abgründe nie völlig aufgeklärt werden konnten.

*

Kurz war auch das Gastspiel, das Ernst Kuchling in größerem Rahmen gegeben hat, der Mann mit dem Hündchen. Dieser feinnervige Beau – er trat in der Society häufig mit seinem persilweißen, duftig coiffeurten Hündchen auf dem Arm auf, dem Tüpfelchen auf dem I seiner superschlanken, köstlich gestylten Erscheinung – war Meister der großen bühnenreifen Ballroben. Liebenswürdig, selbstverliebt, nach Miß Dior duftend und mit Charme gehörte er kurze Zeit zum Ensemble der Berliner Modellhäuser. Dann aber verließen ihn seine Geldgeber, er quittierte sein Handwerk im großen und arbeitete noch jahrzehntelang für private Klienten, für Stars von Bühne und Film und seiner besonderen Szene von Berlin bis New York.

Links: Bühnenreifer Abendponcho von Peter Kübler.

Radzimir
festklet
Glas + grüne Steine
sladongrün
rosa Brustzug
m. schleife

Kuchling

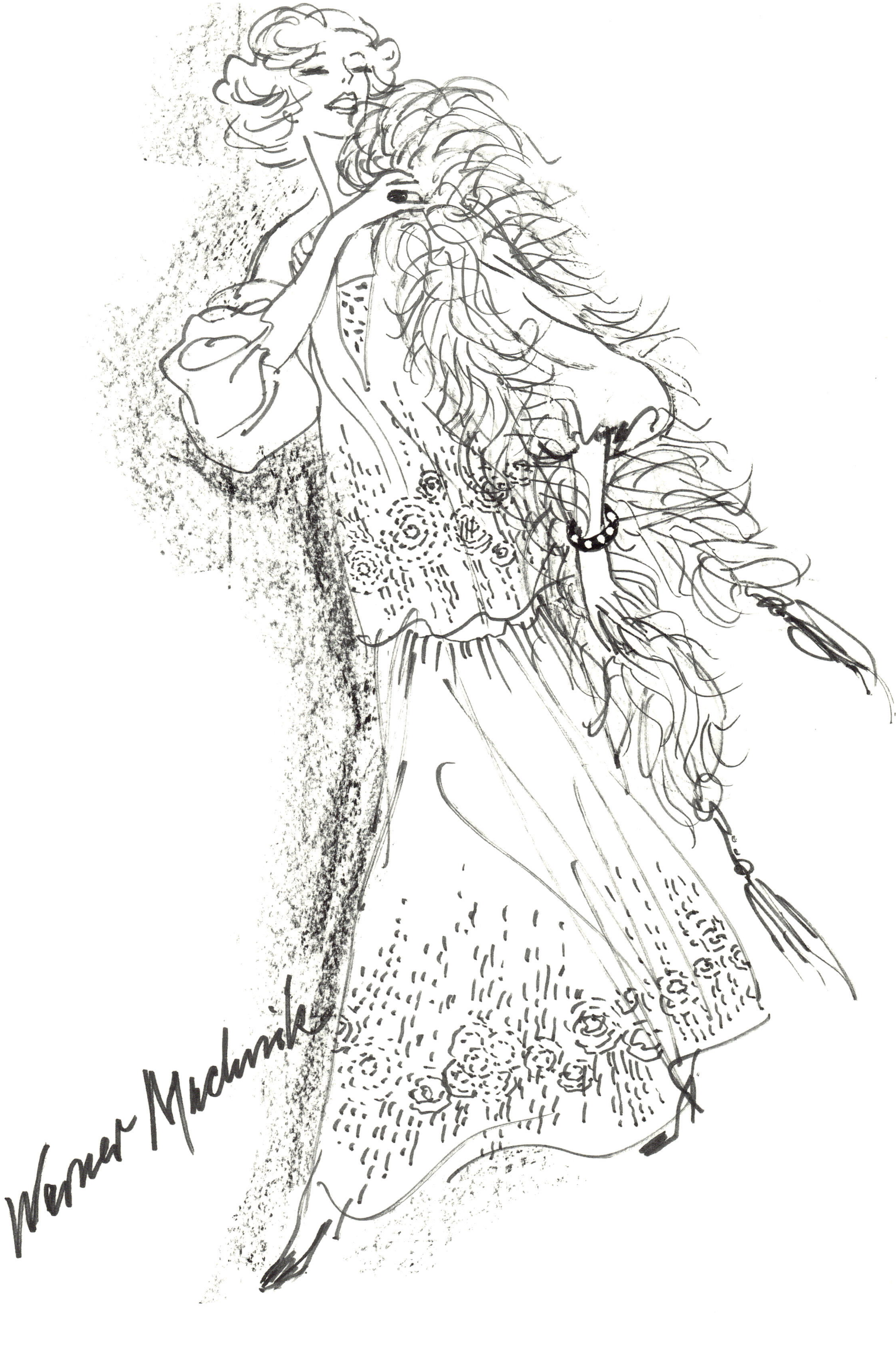
Werner Machnik

Intelligenz und Küchenkaros

Das Bild der „wundervollen" Jahre der Mode in Berlin wäre nicht vollkommen ohne die westdeutschen Modehäuser, die ihre Schauräume in Berlin hatten und zu jeder Durchreise mit der Kollektion anreisten. Denn nur hier hatten sie das Echo, die Publicity, die sie brauchten und überdies den Hauptteil der Kunden, die sich zum großen Spektakulum der Saisoneröffnung an der Spree versammelten. Die Palette der Mode, über die es zu berichten gab, hatte also noch viel mehr und wieder völlig anders gemischte Farbnuancen. Werner Lauer zum Beispiel, dessen Œuvre, so möchte man's fast nennen, ein ästhetischer Genuß war, ein Spiel mit kostbaren Stoffen und warm leuchtenden impressionistischen Farben, unprätentiös in der Linie, Kollektionen, die mit ebensoviel Intelligenz wie modischer Allüre gemacht wurden.

Aus München kam Bessie Becker mit ihrer ganz persönlichen Variation zum Thema Mode. Sie war eine Künstlerin im Spiel mit klassischen Baumwollstoffen, mit Vichy-, Oxford-, Küchenkaros in Farbkompositionen, mit Wäschespitzen und Borten, sparsam und mit soviel Können verwandt, daß der unverkennbare Einfluß ihrer Trachtenheimat nur eben als Erinnerung durch diese im übrigen immer wieder bezaubernd junge und frische Modellkollektion wehte.

Das Allgäu hingegen beschenkte die große modische Premierenfeier von Mal zu Mal mit der Kollektion Hauser, einem üppig blühenden Strauß edel stilisierter Trachtenmode. Mit Brokat und Samt, schimmerndem Lamé, Goldborten, Stickereien zauberten die Hausers wahre Träume aufs Parkett, Träume für luxuriöse Schneehotels, Après-Ski im bayerischen Look und bayerische Träume in Amerika. Ganz sicher stellte man sich in der 86. Straße in New York mit verklärendem Erinnerungsblick das neue bayerische Landleben vor –, oh Wunder.

Hamburg schickte mit den Braasch-Modellen eine kühle selbstbewußte Eleganz nach Berlin, Anneliese und Oskar Meirowitz hatten in der Uhlandstraße unmittelbar am Kurfürstendamm ihr Durchreisedomizil aufgeschlagen, ihre Premierenschauen mit viel hamburgischem, weltoffenem blauem Blick waren für ein intelligentes Vergnügen gut. Mit Neugier und gespannter Erwartung, was sie denn diese Mal aus den allgemeinen Tendenzen der Mode gefiltert und gezaubert hatte, pilgerte das Presseteam zu Maria Haupts-Olberts, um ihre „Studio-Dress"-Ideen zu

Modelle Studio Dres

erleben. Diese junge Designerin mit ihrem ausgesprochenen Materialempfinden wußte der Mode viele reizvolle persönliche Momente abzugewinnen, das heißt, ihre Entwürfe, ihre unkonventionelle Eleganz, ihre raffinierten Farbkompositionen wurden mit Recht bewundert, Mode von weiblicher Hand, die Erfolg hatte, denn das Haus Studio-Dress gibt es heute noch, dort, wo sie zu Hause ist, entwirft Maria Haupts-Olberts in jeder Saison ihre neuen modischen Träume, und zwar im Siegerland. Sie hatte rechts vom Kurfürstendamm zunächst eine winzige Wohnung für ihre Berlin-Ausflüge zur Verfügung, die kleinen Räume faßten die Neugierigen kaum, Stühle gab es bei weitem nicht genug, viele saßen auf Kissen auf dem Fußboden, und gerade diese Improvisation, diese heitere Enge war das richtige Stimulanz für die Kollektion von Maria Haupts.

Links und rechts: Jung, lebendig, voller farbensprühendem Esprit waren die Einfälle, mit denen Maria Haupts ihre Studio-Dress-Kollektionen würzte.

Studio dress | Richter | Albers

Falke | Machnick | Braun

Erinnerungen an Heinz Schulze. Er hatte sich nach dem Krieg nach München verzogen. Aber seine Modelle strahlten ihren kultivierten Charme immer wieder bis Berlin aus. Foto von Hubs Flöter.

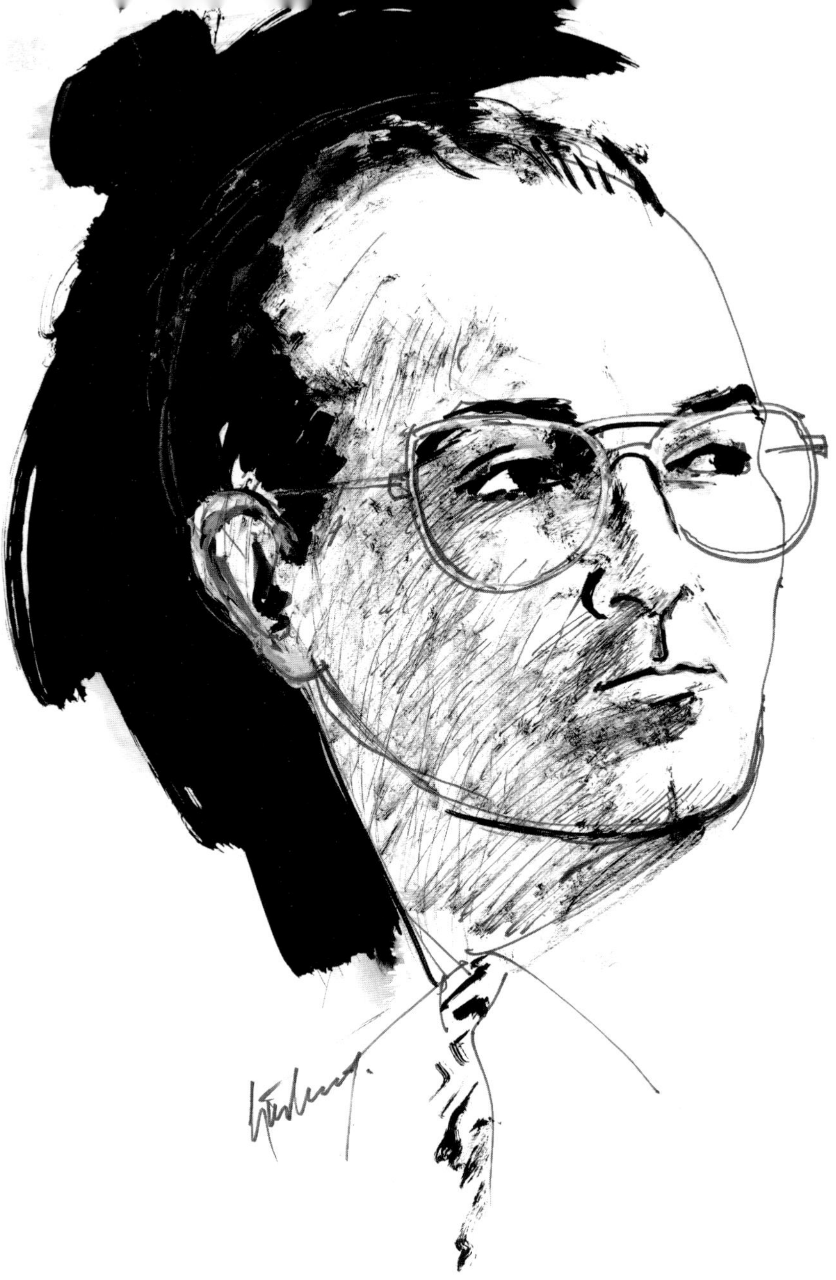

Der Star

Mode kann so wundervoll exzentrisch sein. Wenn Mode und ein exzentrisches Genie aufeinandertreffen, die eine vom anderen dirigiert wird auf dem Drahtseil zwischen erlesenem Geschmack, großer bühnenreifer Attitüde und herausfordernd kühnen Ideen zum Thema weiblicher Verführungskunst, dann können druckreife Essays aus Samt und Seide entstehen. Berlin durfte sich eines solchen Genies erfreuen, das für enthusiastische Berichte, für Irritationen im Kreise derer, denen es erlaubt war, seine Schwelle zu übertreten, für Klatsch und Geflüster immer gut war. Günter Brosda, der Star. Ein Mann aus Ostpreußen, der die märchenhafte Fantasie östlicher Weiten mit ihrer großzügigen Gastfreundschaft verband, die selbstherrliche Überheblichkeit russischer Potentaten mit sensibler westlicher Kultur.
Günter Brosda arbeitete mit der Russin Sinaida Rudow zusammen, der Salon „Sinaida Rudow" war eine Adresse für elitäre große Balltoiletten und geschliffene Eleganz zwischen den Kontinenten. Im Scheitelpunkt westöstlicher Kulturen und Begegnungen hatten Rudow-Brosda diesen Kokon einer extravaganten, unnachahmlichen Eleganz gesponnen, die Stars jener Tage hatten den Ehrgeiz, in einem Brosdamodell aufzutreten. Ruf und Ruhm dieses schöpferischen Genies verbreiteten sich schnell. Die Industrie wurde auf ihn aufmerksam, und der Konzern, der die Kunstfaser Trevira herstellte, spannte ihn vor ihren Wagen. Günter Brosda entwarf und schuf Musterkollektionen, die zeigten, wie diese Kunstfaser in den Rang eines Materials erhoben werden konnte, das Mode war. Eine Aufgabe, der sich Brosda immer wieder mit bewunderungswürdigen Ideen stellte. Die Premieren dieser Trevira-Schauen, im Privathaus von Günter Brosda im Stadtteil Grunewald, hatten den Charakter extravaganter gesellschaftlicher Ereignisse. Damals war so etwas noch möglich. Im unendlich kultivierten Ambiente dieses Hauses – Brosda sammelte alte russische Ikonen – bewegte sich die Truppe der Presse aus dem In- und Ausland, von der Faserindustrie der Werbung wegen geladen, und nicht alle Geladenen wußten mit diesem Interieur und dem „Lifestyle" umzugehen, ebenso kostbar wie die „Modelle Brosda".
Auserwählte aber lud der Meister zu privaten Festen ein, die er zuweilen in großem luxuriösem Rahmen veranstaltete. Karneval in Venedig – die Gäste hatten in Kostümen zu erscheinen. Das

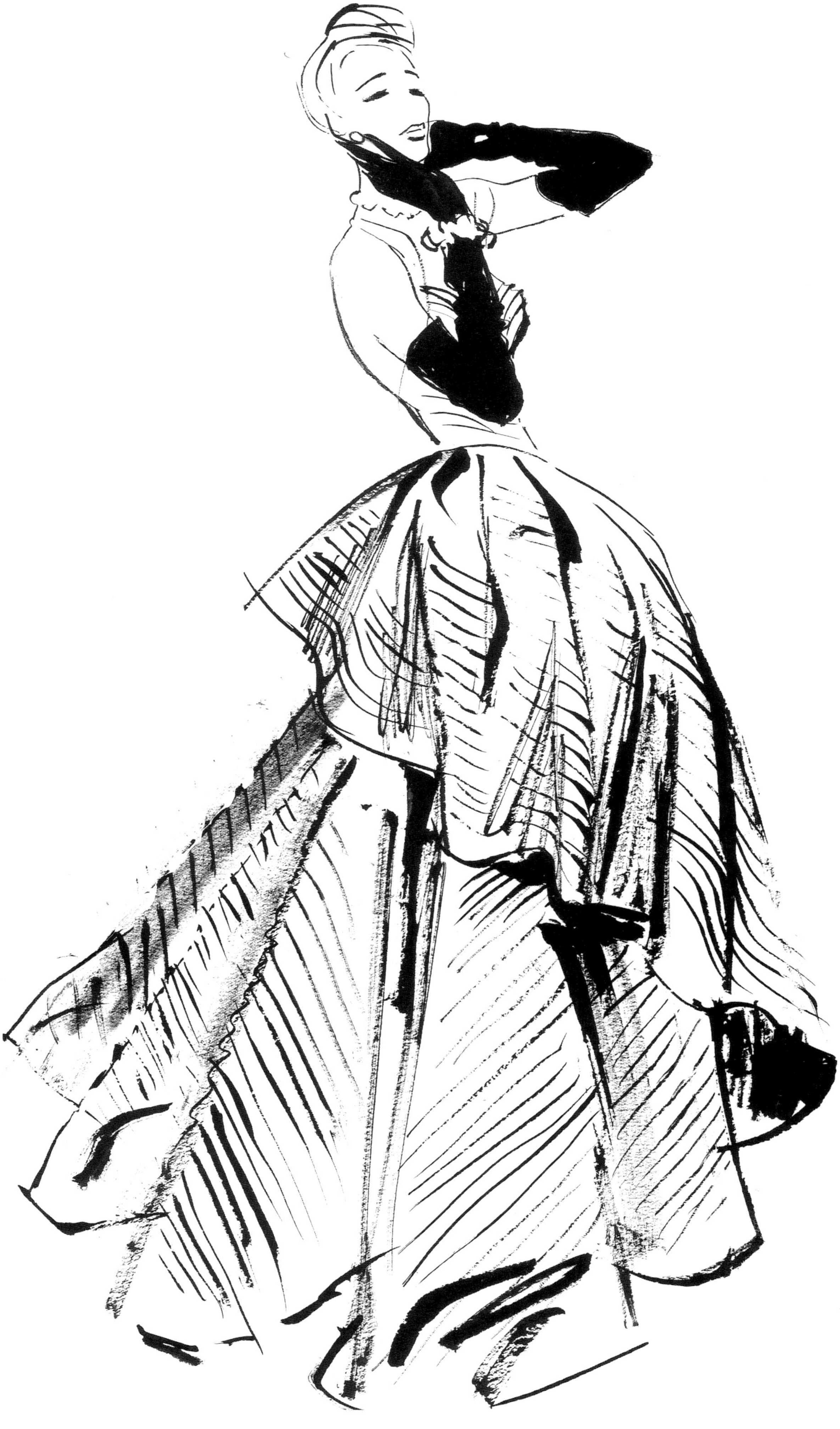

Weiße Fest – nur die Farbe Weiß war zugelassen. Es erinnern sich noch heute mit „weißem" Vergnügen diejenigen, die diesen Empfang bei Günter Brosda miterlebt haben. Der Gastgeber selbst beherrschte als Maharadscha das entzückte Ensemble seiner Gäste mit einer taubeneigroßen Perle am Turban, einer echten. Wer nicht geladen worden war, ärgerte sich wie die dreizehnte Fee im Märchen von Dornröschen.

Genie und Wahnsinn liegen nicht weit voneinander entfernt. Auch Günter Brosda mußte seinen genialen Einfallsreichtum, sein künstlerisches Temperament, seine zweifellos den östlichen Weiten entstammende Maßlosigkeit bitter bezahlen. Das Ende seines kongenialen Auftritts auf der Bühne der Mode und des Lebens, verarmt und fast vergessen, bedeutete einen Verlust für die elegante Szene Berlins und ebenso für das große Panorama der Menschbilder in dieser Stadt.

Vom Porträt bis zur großartigen Festkulisse: Günter Brosda und seine Ideen.

Phönix

Feuervogel

Kakadu

Kolibri

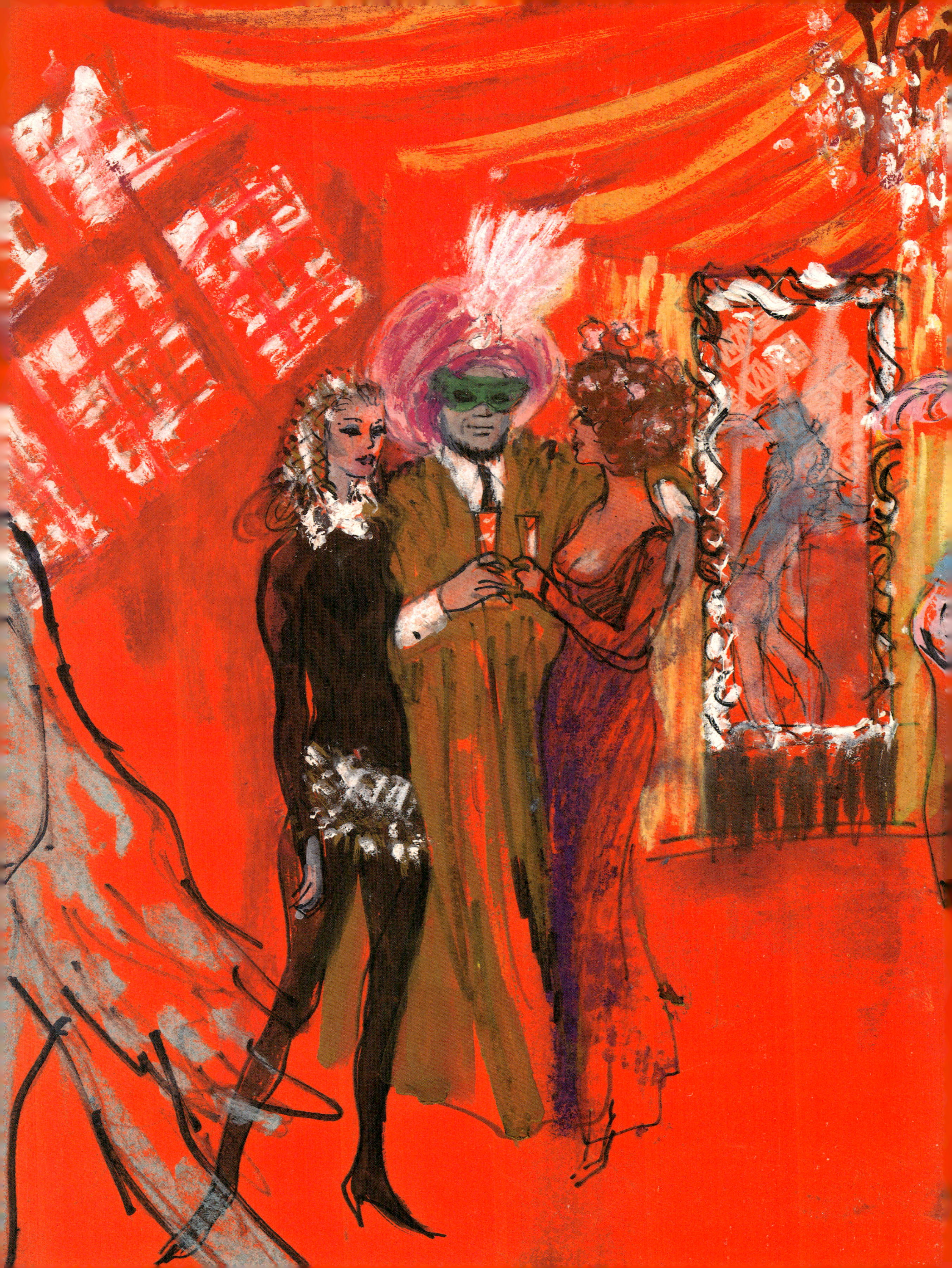

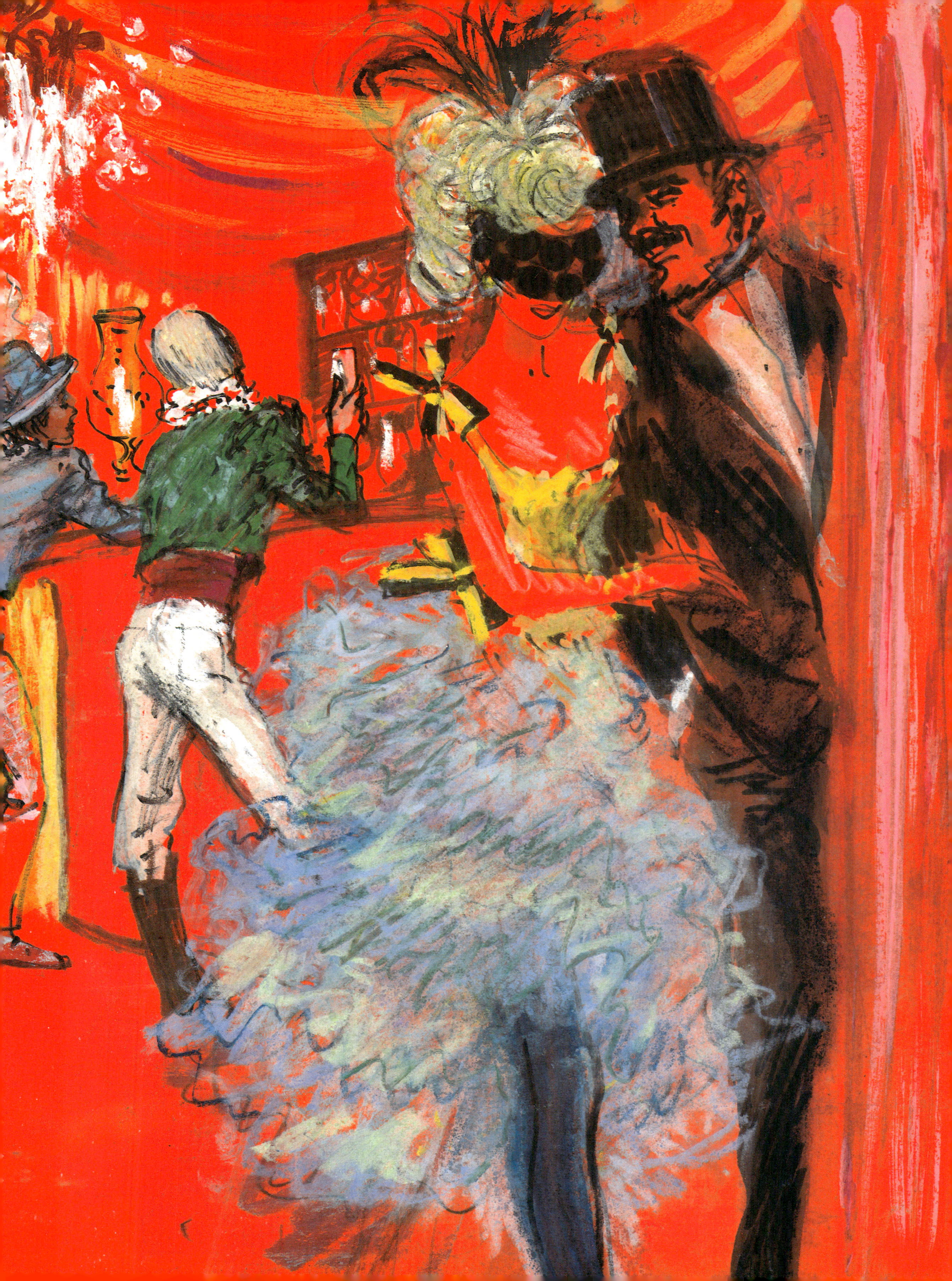

Rechts und auf den folgenden Seiten: Madame Berthe genoß die Eleganz der Jahrzehnte nach dem zweiten großen Krieg und schuf in ihrem Salon am Kurfürstendamm ihre Werke von „klassisch" bis „romantisch verspielt". Die Fotos hat Hubs Flöter aufgenommen.

Madame Chapeau

Heute vermag man es sich kaum noch vorzustellen, aber es gab auch nach der zweiten großen und bösen Zäsur in unserem Jahrhundert Zeiten, in denen „Hut" getragen wurde. Hut und Handschuhe, welchen Luxus die Zeit mittlerweile abgestreift hat. Alle Versuche, ihn mit attraktiven, kleidsamen und eleganten Modellen wieder einzuführen, der Hutindustrie und dem Putzmacherhandwerk auf die Sprünge zu helfen, haben nicht viel gefruchtet, der Hut ist ein Requisit, das auf Sonnenregionen als Schutz und bei feierlichen Anlässen, Hochzeiten etwa oder bei Beerdigungen „Dienst tut". In den Fünfzigern aber hatte der Hut seine Rolle im Bild der Mode zu spielen, keine der großen Schauen konnte es sich leisten, auf die Accessoires der perfekten Eleganz zu verzichten, und so wurden in generalstabsartigen Besprechungen und vielen Arbeitsstunden vom Modeschöpfer und seiner von ihm gekürten Modistin die Hüte zur Kollektion entworfen.

Im berühmten Eckhaus Kurfürstendamm Ecke Uhlandstraße, in einer dieser wunderschönen, mit üppigen Stuckdecken faszinierenden Wohnungen aus der Zeit des Jugendstils, hatte die Meck, mit Namen Hertha Mecklenburg, die Stätte ihrer Inspirationen. Die Meck war eine immer wieder erstaunliche Frau, eine Mischung aus warmherziger Mütterlichkeit, die sich nicht zuletzt in ihrer kräftigen Statur ausdrückte, und intellektueller Kühle ihrer Kreationen. Sie bevorzugte den herben, eher maskulinen Stil, ihre Hüte waren „nicht leicht zu tragen", denn sie hatten Charakter und verzichteten oft auf weiblichen „Charme". Die Meck arbeitete mit Hans Gehringer zusammen, schuf die Hüte für seine Kollektionen, und dieses Zusammenspiel ergab das überzeugende Porträt der weltgewandten, einer Sweethearteitelkeit überlegenen Frau.

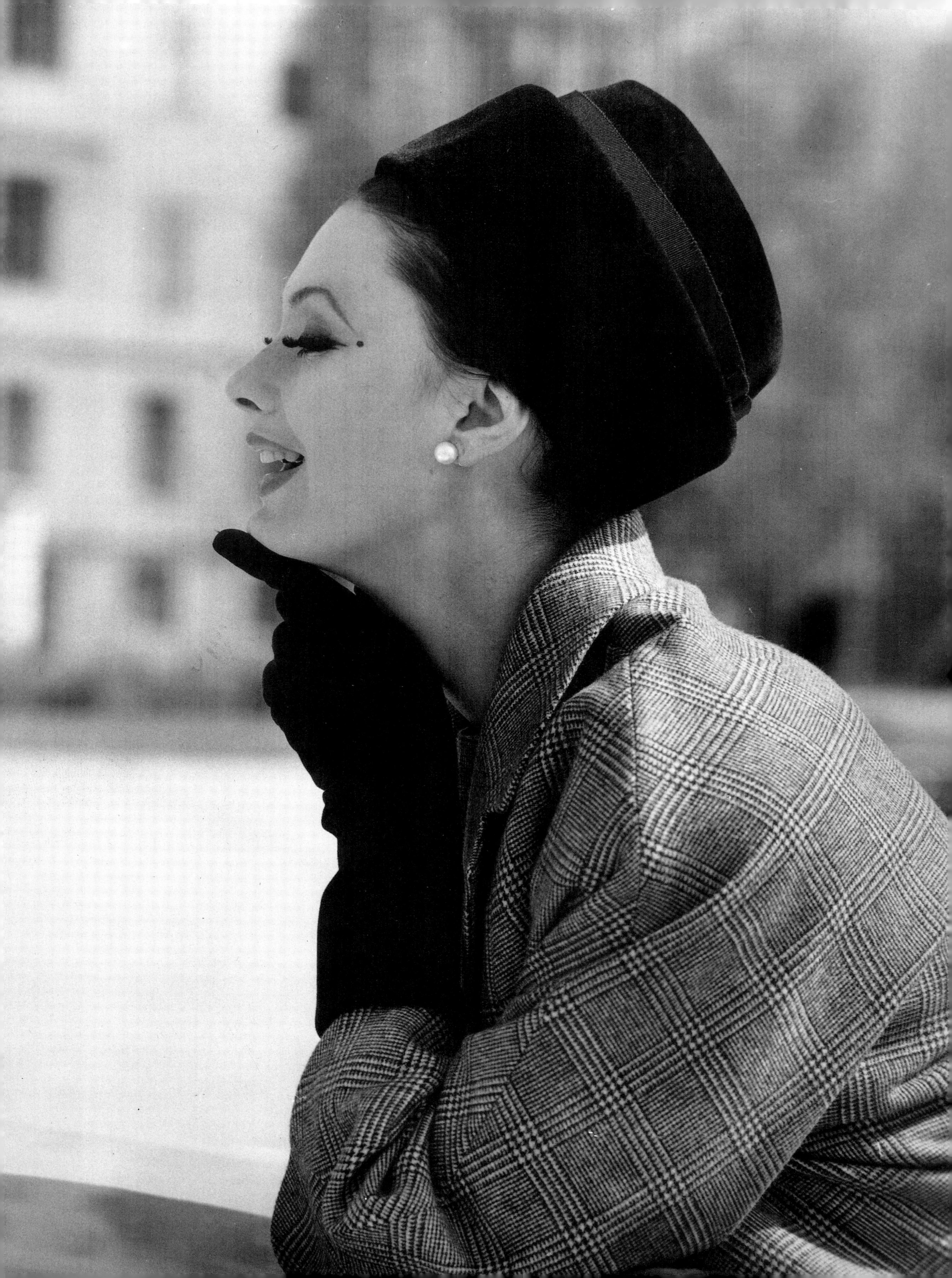

Eine Ecke näher hin zur Ruine der Gedächtniskirche – der Eiermann-Bau der neuen Kirche war eben im Entstehen – saß im rosé schimmernden Salon eine andere Modistin von Berliner Rang. Es sei erlaubt, sie, die Madame Berthe mit einem Prosastück zu ehren, das vor vielen Jahren, genau genommen unter Ausschluß der Öffentlichkeit, in einem Band mit Berliner Skizzen erschienen ist, im „Stadtmond in Streifen" (Argon Verlag, Berlin). Da die Autorin von sich selbst „abschreibt", findet sie nichts dabei, diese Skizze hier wiederzugeben.

Madame empfängt zur Blauen Stunde

Nur zur Blauen Stunde empfängt Madame Besucher und nicht ohne vorherige Anmeldung. Madame ist jetzt nur noch zu bestimmten Zeiten zwischen den Seidentapeten und altrosa Lampenschirmen ihres Salons, den barocken Spiegeln und zierlichen Sofas anzutreffen. Madame überläßt ihre Kundinnen, die Damen, zu denen sie ein charmantes, zuweilen etwas belehrendes Verhältnis kultiviert – „Mais Madame, diese Modell, das Sie da tragen, ist ganz und gar nicht Ihre Typ. Wo haben Sie sie nur her, kann keine gute Salon gewesen sein, oh non!" – sie überläßt die Damen ihren Angestellten und zieht sich in ihr Boudoir zurück. Legt ihre schlanken, immer noch schönen Beine hoch und macht ein elegantes Nickerchen. Madame, es gibt ihresgleichen nicht in der Stadt, certainement pas. Sie kam um die Jahrhundertwende nach Berlin. Ein junges Ding, ein Midinettchen aus Paris – genau genommen aus Brüssel, aber was macht das schon, Paris klingt soviel modischer. Warum sie in die preußische Metropole kam, das erzählt sie dem Besucher nicht, aber es muß eine Affaire d'amour gewesen sein. Jedenfalls brachte sie einen Hauch linksrheinischer Lebensart mit, außerdem hatte sie Charme, Glück und Geschäftssinn.
Nach kurzer Zeit eröffnete sie einen Hutsalon, in welchem sie Pariserisches anbot. Die herbere Luft in Berlin schien ihr zu behagen, Mademoiselle Berthe blieb, ihr Geschäft florierte. Ein Jahrzehnt verging und noch eines, das kriegerischer Ereignisse wegen allerdings einen gedämpften Ton in den Gang der Geschäfte brachte. Doch dann begann Madames – aus Mademoiselle war mittlerweile Madame geworden – wundervolle Zeit. Ihre Hüte waren die große Versuchung für die Damen,

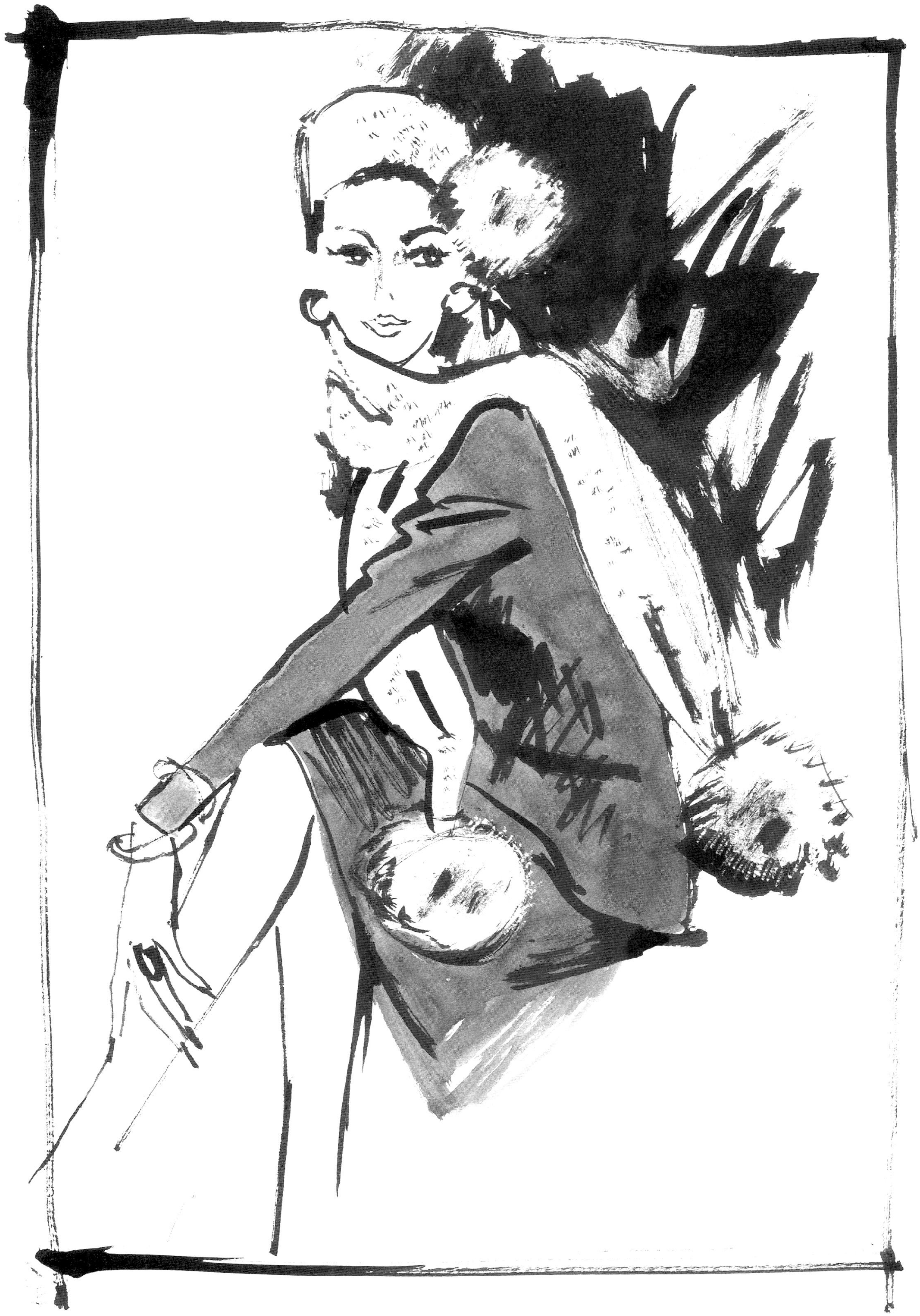

diese neuen kleinen Creationen, diese amüsanten Topfhüte – sollten sie es denn wagen? Aber man emanzipierte sich – modisch gesehen jedenfalls. Schließlich blieb die Zeit nicht stehen. Madame Berthes Salon war wie ein Leuchtzeichen am Himmel der Befreiung vom Joch der alten Zeit und Mode.
Die szenische Darstellung eines neuen modischen Zeitalters fand ihr Publikum. Hatte Madames Kundschaft nun auch einen anderen, einen ebenfalls neuen Charakter, war von anderer Herkunft als die Damen, die noch vor einigen Jahren zu ihren Kundinnen gezählt hatten, so darf man nicht glauben, daß Madame darüber traurig gewesen wäre. Nein, man darf nicht glauben, daß dieser, um es korrekt zu sagen, erst jüngst zu Reichtum gelangte Kundenkreis Madame mißfallen hätte, wie man vielleicht hätte annehmen können, wenn man bedachte, welche Kreise von Adel, altem, honorigem Geldadel zumeist, Madame früher beehrt hatten. Berthe war ein Kind jener Großstadtbezirke gewesen, in denen man die Realität zu schätzen weiß. Jetzt waren jene anderen Kreise die Realiät. Außerdem konnte Madame sicher sein, daß die neuen Damen ihr stets mit Bewunderung und Hochachtung begegneten, fasziniert von ihrem übrigens mit genauem Kalkül gepflegten Akzent und diesem gewissen pariserischen Flair; wohingegen die Damen von früher die Berthe, so chic ihre Hüte auch waren, doch immer für eine simple Hutmacherin gehalten hatten. Es war zuweilen nicht leicht gewesen, dieses Flair der grande nation, das Air von Worth und Paul Poiret mit den Aufgaben einer Geschäftsfrau in Einklang zu bringen.
Doch das alles ist lange her. Madames Kundinnen wechselten die Flaggen und die Embleme im Laufe der Jahrzehnte. Madame hatte Gelegenheit, eine crème de la crème nach der anderen kennenzulernen und mit Eleganz à la tête zu versehen. Ihre Bemerkungen zur menschlichen Typenlehre, wenn sie denn welche zu machen hätte, behielt Madame für sich. Einerseits, weil sie sich nicht zuständig fühlte für die politischen Seelenblähungen und schlimmeren pathologischen Mißbildungen dieses ihr immerhin in lukrativer geschäftlicher Verbindung nahestehenden Landes. Andererseits, weil Geld einen neutralen Charakter hat, einen derart inferioren überdies, daß es unter Madames Niveau gewesen wäre zu fragen, wo es herkam. Madame war eine Frau von Welt, und die Welt kam zu ihr, bis

auf eine kurze Spanne, die sie mitsamt der ganzen Stadt im Keller der Historie verbrachte.
Dieses Malheur nahm Madame Berthe mit nahezu bourbonischer Haltung hin und eröffnete nach all der Mallaise zum ehestmöglichen Termin einen neuen Salon. Ein glänzendes Messingschild mit der Gravour „Hüte, Hats, Chapeaux" am Kurfürstendamm 117 zeigte ihren Salon im ersten Stock an. Madame sprach immer noch ein vollendetes Französisch. Das halbe Jahrhundert in der Fremde hatte seinem intimen Glanz nichts anhaben können. Und Madame verstand es ebenso perfekt, nun die lieben Freunde zu empfangen, die Damen der grande nation zum Beispiel, deren Gemahle als Abgesandte der Siegermächte in Reinickendorf stationiert waren. Oder Mrs. Smith und Mrs. Jones, die aus Amerika gekommen waren, alle jene, die Madames Können, ihre Herkunft und ihre Liebenswürdigkeit zu schätzen wußten. Es war eine cause de tristesse, wie die Berlinerinnen jetzt herumliefen, man denke: mit Kopftüchern! Die neuen Kundinnen aber brachten bezauberndes Material mit, Spitzen und Blumen und Borten aus New York und Paris, womit Madame die bezauberndsten Modelle kreierte. Enchanté, enchanté! Just wonderful!
Und auch das ist schon lange her. Madame hatte wiederum Gelegenheit zu beweisen, wie perfekt sie das Deutsche beherrschte. Mit jenem kleinen Akzent, jenem leichten Stocken und nach dem richtigen Wort suchen, den winzigen Verwechslungen der schwierigen Grammatik, die einer Sprache einen so amüsanten Ton zu geben vermögen. Der New Look war längst vergessen, die Damen aus Reinickendorf gingen in die Hutabteilung des berühmten großen Kaufhauses, das in – fast – alter Pracht wiedererstanden war. Madame aber empfing mit charmantem Lächeln die crème de la crème des Wirtschaftswunders, aufgeblüht wie die Blumen in den japanischen Muscheln, die man ins Wasser legt – und das Wunder entfaltet sich.
Die Hälfte und noch ein Jahrzehnt mehr ihres Lebens hatte Madame nun in Berlin zugebracht. Ihr Ruf war nicht mehr allein auf diese Stadt beschränkt, man kannte ihren Namen in München, Hamburg und Düsseldorf, kam her, um sich eine ihrer Créations anfertigen zu lassen. Madame ist eine Institution geworden. Wer immer mit Mode zu tun hat, das Elegante liebt, das savoir vivre und die Ästhetik der weiblichen Seele, soweit

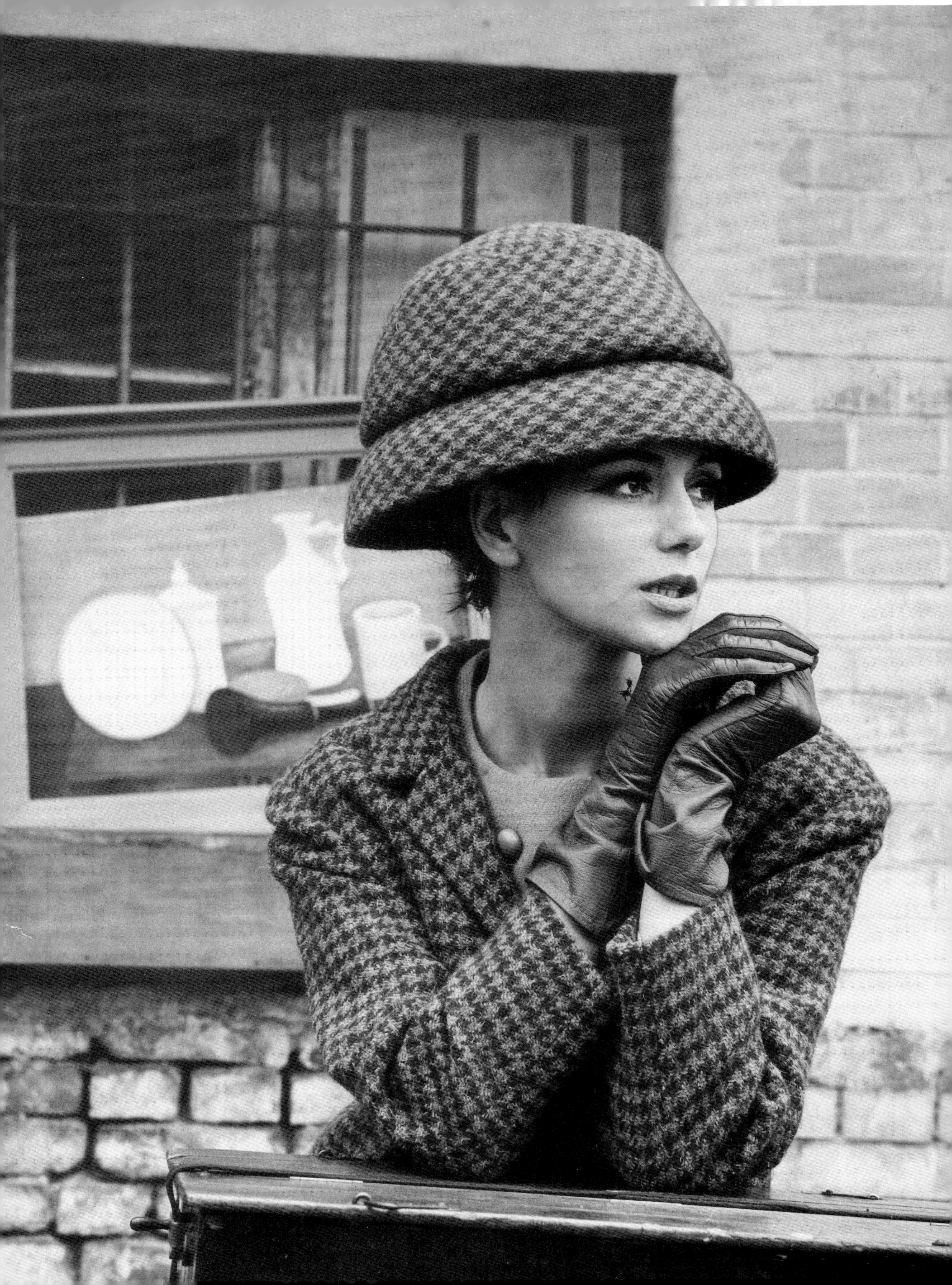

sie äußerlich zu betrachten ist, bewundert Madame. Jahre gehen dahin. Ab und zu erscheint Madame noch in der Öffentlichkeit, anläßlicher einer Vernissage vielleicht, zu einer Modenschau in befreundetem Hause, zur Premiere eines leichten kleinen Stückes am Kurfürstendamm – eine Erscheinung wie aus der Vogue ausgeschnitten.

Um fünf Uhr am Nachmittag zieht Madame sich aus dem Erwerbsleben zurück und überläßt ihren Assistentinnen den Abschluß des Tages. Je nach Jahreszeit verbringt Madame den Rest des Tages in angenehmer und unterhaltsamer Weise, denn Madame ist durchaus nicht das, was man als alte, als sehr alte Dame bezeichnen könnte, das wäre, pardon, ein unverzeihliches Fehlurteil. Madame ist Madame. Im Sommer kann man sie an sehr schönen Tagen gelegentlich auf dem Kurfürstendamm promenieren sehen. Sie bleibt vor den Schaufenstern stehen und wirft ein paar Worte zu ihrem Begleiter hin, der daraufhin „Oui, Madame" oder „Formidable" oder „Justement" sagt, denn Madame geht nicht ohne Begleitung aus.

Ihre mittelgroße, zarte aber immer noch gut proportionierte Gestalt ist gerade aufgerichtet, und zwar mit einer lässigen Eleganz, die nichts Mühsames oder Angestrengtes erkennen läßt, vielmehr eine lange geübte Selbstdisziplin. Madames Füße stecken in schwarzen Lackpumps à la mode, ihre Beine, die seinerzeit so bewundert wurden, nahezu ebenso wie die der Marlene Dietrich im Blauen Engel –, es grenzt tatsächlich an ein Wunder, aber es ist kein Fehl an diesen Beinen unter dem modisch kurzen Rock. Madame ist stets, aber das bedarf wohl kaum noch der Erwähnung, mit äußerster Delikatesse gekleidet. Um sich für diese erlesenen Inszenierungen einer eleganten Frau Anregungen zu holen und um nach den nur dort zu findenden Accessoires für ihre Hutschöpfungen zu suchen, fährt Madame zweimal im Jahr nach Paris. Die Luft an der Seine ist ein unvergleichliches Elixier, wie könnte Madame darauf verzichten.

Doch immer, und dies seit fünfundsechzig Jahren, ist Madame an die sandige, märkisch preußische Spree zurückgekehrt. Sie hat, soviel weiß man, nie ein Wort über ihre Wahlheimat verloren, weder ein gutes noch ein böses, ihre geschäftlichen Dispositionen haben von jeher Meinungen, Stellungnahmen solcherart ausgeschlossen. Madames Hüte machten Leute, die Art dieser

Leute war Madame jenseits ihres Salons herzlich gleichgültig. Im Laufe der Zeit war Madame eine bewunderungswürdige Berlinerin geworden. Eine jener faszinierenden Gestalten, die das Gewürz der Großstadt sind. Aber nur zur Blauen Stunde durfte man Madame besuchen, zur l'heure bleu, die sie mit einer sentimentalen, aber unendlichen ausdrucksvollen Zärtlichkeit liebte, empfing sie Besuch, denn sie wußte, daß das Licht dieser Stunden Besucher ebenso verzaubert, wie es die ganze Stadt verzaubert.

Die Blaue Stunde mit dem zyklamfarbenen, fast geraniumroten Schimmer aus Perlmutt und fernem Kristallstaub. Es dauert Monate und Monate, ehe die Tage der Blauen Stunde kommen, denn nur auf einem ganz bestimmten Wegstück der Sonnenbahn, während eines ganz bestimmten Winkels, den die Sonne über den Dächern und schließlich jenseits der Dächer und der Straßen abmißt, inszeniert sie die Blaue Stunde. Sie wäre nichts besonderes, gäbe es sie jeden Tag, etwa in der Zeit zwischen fünf und sechs, oder sechs und sieben am Abend, je nach dem Fall der Dämmerung, Abenddämmerung. Im Mai etwa oder im Juli oder August gibt es sie nicht. Die Dämmerung im Sommer kann schön sein und auch Farben haben, aber das allein macht niemals eine Blaue Stunde aus ihr. Nur im späten Oktober oder gegen Ende Februar hat sie das Timbre und den Schmelz, um die Poesie dieses besonderen Blaus, dieses Zyklam- und Geraniumrot mischen zu können, an einem Tag, an dem der Mittag hell ist unter dem trockenen Seidenhimmel, so daß herbstliche Wärme in die süße Milde des Nachmittags übergeht. Dann kann es geschehen, daß die Sonne sich zu einem ihrer theatralischen, verschwenderischen, unwahrscheinlichen, vor eigenem Entzücken über und über erglühenden Untergänge entschließt. Die roten Sonnenstunden der Stadt, seltener und kostbarer als Sternstunden. Bar aller Strahlen, die tagsüber das Auge blenden und Neugier abwehren, gibt sie ihre rote glühende Scheibe den Blicken der Stadt preis, eine Sonne, die Licht und Wärme dieses Tages verströmt hat, eine makellose runde Scheibe ohne Schatten, schwimmt sie über Dächern und Bäumen in einem lavendelfarbenen Meer. Doch ihre Kraft ist erschöpft. Schnell, aber doch ohne daß die geringste Bewegung oder ein Zittern der Luft zu bemerken wäre, verläßt sie die Bühne.

Für Sekunden hält die Stadt den Atem an. Nicht jeder merkt es, der Verkehr stockt nicht, und die meisten Fußgänger verhalten nicht einmal den Schritt. Dennoch, die Stunde der Dämmerung hat begonnen, und da es Oktober ist, ein zärtlicher Otkober, ist es die Blaue Stunde, die beginnt.

Das geschieht kurz nach fünf, und die Straßen sind gefüllt mit Büroangestellten und Beamten, die ledig aller Pflichten nach Hause gehen, mit Geschäftsleuten, die noch ans Geldverdienen denken, mit Reisenden und Touristen, die sich die Stadt ansehen, mit alten Damen und Herren, die das milde Wetter genießen und eben im Café Schilling, bei Hilbrich, Möhring, Kranzler, im Kempinski oder im Bristol bei Kaffee und Kuchen Erinnerungen getauscht und ganz unter sich über dies und das haben klagen dürfen. Sie gehen nun angenehm ermüdet nach Hause, die Blätter der Bäume am Kurfürstendamm rascheln leise unter ihren Füßen. Das Licht über den Dächern ist jetzt aus Perlgrau und Flamingorosa, aus Jadegrün und heller Tinte gemischt, der Widerschein der Neonbeleuchtung vibriert auf dem Lack der Autos. Man kann den Mantel noch offen tragen, kein Lüftchen regt sich. Welch ein Tag, welch ein Abend, welch ein Oktober!

An eben solch einem späten Nachmittag, zu dieser Blauen Stunde, empfängt Madame den Besucher, sofern er einen Namen hat oder ein Anliegen, das Madame verheißungsvoll erscheint. Ein Porträt, ein Interview in einer nicht unbedeutenden Tageszeitung scheint der Mühe wert, wenngleich Madame „la presse" nicht für salonfähig hält, sie trägt keine von ihren Creationen. Aber Madame weiß, wann sie ihren pariserischen Charme schimmern lassen muß. Der Widerschein der Blauen Stunde taucht das Boudoir in goldrosigen Schimmer, durch die seidenen Lampenschirme in Altrosa fällt warmes Licht, von dem Madame weiß, daß es schön macht und alterslos. Sie bittet den Besucher Platz zu nehmen und schenkt aus einer Kristallkaraffe ein winziges Glas Sherry ein. Auf einer Konsole, gerade seinem Sessel gegenüber, stehen zwei englische Hunde, weiß und gold, und blicken überkreuz, der eine beinahe aus dem Fenster, der andere beinahe auf Madames Vitrine mit ihrer Sammlung köstlicher Bijoux. Madames Sessel ist so plaziert, daß der Schein des Abendhimmels ihre graziöse Figur einrahmt, das Gesicht erhält aus einer der altrosa Lichtquellen einen zarten fast durchsichtigen Schimmer, eben nur soviel, daß dieses Gesicht wie eine helle Seerose auf dem Wasser der Blauen Stunde schwimmt.

An diesem Bild, das sie dem Besucher bietet, hat Madame lange gearbeitet. Jahre, Jahrzehnte. In ihrem Boudoir, dessen Boucher-Eleganz von einer nun schon leicht melancholischen Patina der Zeit überzogen ist, hat sich Echtes in heiterer Skrupellosigkeit mit himmelschreiendem Kitsch zu einem Interieur von sehr persönlichem Stil miteinander verbunden. Es gibt nicht ein Fleckchen in diesem Raum, auf dem nicht etwas steht oder liegt, das Madame an Dezennien, die vielen Reisen und an die Begegnungen ihres Lebens erinnert. Die Nadel mit der schwarzen Perle etwa, die auf einem roten Sammetkissen steckt und hinter den Scheiben einer goldenen Vitrine zu bewundern ist. „Eine Erinnerung an meine Begegnung mit dem Prinzen X von Y", erzählt Madame und blickt versonnen auf das Bild des Prinzen, das sie in ihrem Inneren stets bei sich zu tragen scheint.

Sie muß, denkt der Besucher, der gekommen ist, um Madame zu interviewen, soviel gesehen und erlebt haben in ihrem langen Leben in dieser Stadt, ihre Erinnerungen müssen eine Fundgrube, eine Goldgrube sein. Vorsichtig beginnt er Fragen zu formulieren, mit denen er sich an Madames Leben heranzutasten beabsichtigt.

Doch Madame ist nicht geneigt, derlei Fragen zu beantworten. Sie liebt es, Besuch zu empfangen, zur Blauen Stunde, sie bietet dem Gast ein Gläschen Sherry an und zeigt ihm vor dem theatralischen Himmel das eindrucksvolle Bildnis eines perfekten Kunstwerkes. Niemand würde angesichts der porzellanzarten Energie, des raffinierten Make up und der lächelnden mit diplomatischem Geschick geführten Konversation die Taktlosigkeit besitzen, etwa nach Madames Geburtsjahr zu forschen, gibt es überhaupt eines? Die Fragen nach den einzelnen Etappen der kommerziellen Entwicklung ihres Salons scheint Madame nicht ganz zu verstehen. „Ach", haucht sie mit glücklichem Lächeln, „ich habe immer bezaubernde Kundinnen gehabt."

Und dann wischt sie mit kleiner lässiger Handbewegung alle ihre bezaubernden Kundinnen weg. „Warum wollen Sie denn sprechen von früher?" sagt sie indigniert. „Haben Sie meine neueste Hüte schon gesehen? Non? C'est dommage. Ich werde sie Ihnen zeigen lassen, nur Ihnen ganz persönlich. Weil

Ihr Besuch mich hat gefreut, Monsieur." Und Madame erhebt sich, geht zur Tür und drückt auf einen Klingelknopf. Dann setzt sie sich mit Grazie wieder in ihren Sessel, den Himmel vor dem Fenster hat glühende Leidenschaft fast verzehrt, dunklere Töne mischen sich hinein. Die Blaue Stunde zerrinnt unter den Händen des Abends. Und ehe die goldenrosa Folie, die den Hintergrund von Madames Porträt gebildet hat, in abendliches blaugrün übergeht, öffnet sich die Tür und eine von Madames Assistentinnen betritt die Szene. „Zeigen Sie Monsieur unsere neueste Kollektion, bitte", sagt Madame bestimmt, dann neigt sie mit großer Liebenswürdigkeit den Kopf und reicht dem Besucher ihre zarte, nach Chanel duftende Hand.

Der Besucher, der sich aus angedeuteten Gründen für Madame, nicht aber besonders für ihre Hüte interessiert, läßt sich, um der Höflichkeit zu genügen, ein paar von Madames Creationen zeigen. Sein Interesse jedoch ist abgelenkt, denn er denkt über Madame nach. Es irritiert ihn, daß es nichts gibt, worüber er nachdenken könnte, es sei denn, das Phänomen, kein Alter zu haben.

Bei Hofe zugelassen

In England dürfen sich Schneider und Couturiers, die ein Modell für eine der königlichen Damen hergestellt haben, „Hofschneider" nennen. In Ländern deutscher Sprache gibt es keinen Hof mehr, keine Kaiserin oder Königin, und also kann ein solcher Titel nicht verliehen werden. Aber es gibt Nachkommen von kaiserlichem Geblüt, und ihre Gemahlinnen und Töchter anzuziehen, hat immerhin einen exotischen Reiz für einen Berliner Modemann.

1990. Wir sitzen auf der sonnenbeschienenen Terrasse über einem Grunewaldgarten in allen Grünschattierungen. Rasen wie Smaragd, Kastanie, Tanne, Kiefer, Tuja, Lärche, Rhododendron und ein kleiner Teich mit grüner Entengrütze, eine perfekte Theaterkulisse. Auf der Terrasse blühen rote und rosa Pelargonien üppig in antiken Steinschalen, Hochstämmchen von lachsrosa Hibiskus mit kleiner Krone heben mit dicken Knospen eben zu blühen an. Der Besitzer dieses kleinen Paradieses setzt liebevoll blaue Lobelien um den Fuß der Hibiskusstämmchen, „sie sehen sonst so kahl aus", sagt er. Mit Farben weiß Uli Richter umzugehen.

Und wie man annehmen darf, auch mit Hoheiten. Uli Richter ist der letzte aus der Phalanx der Berliner Modellhäuser, der noch von den blühenden Modejahren, den Fünfzigern und Sechzigern berichten kann. Er war der Benjamin damals, hat viel gelernt, seine Erfahrungen umgesetzt, ein namhaftes Modehaus mit mehreren Zweigen aufgebaut. Er hat seine oft intelligenten, stilsicheren Modelle jenseits des Ozeans vorgeführt, er hat Frauen von Rang und Namen angezogen. Sein „hoheitsvollstes" Erlebnis, erzählt Richter, sei es gewesen, den Brautstaat für die Urenkelin des letzten deutschen Kaisers zu entwerfen und anzufertigen. Was für eine Aufgabe! Das ganze Haus am Kurfürstendamm Ecke Olivaer Platz geriet in helle Aufregung. Braut, Brautmutter, Brautjungfern waren mit einem Flor von Roben zu versehen, abgestimmt auf die Braut Marie-Cecile, Prinzessin von Preußen, zart und liebenswürdig, geduldig und diszipliniert bei den langen Anproben. Auf das Zeremoniell, offiziell zwar kein Hofzeremoniell, aber auf die Erinnerung daran mochte zumindest die Brautmutter nicht verzichten. Kira, die russische Großfürstin von Geblüt. Ihre Garderobe hat sie, als sie jung war, bei Sciaparelli in Paris anfertigen lassen.

„Er weiß gar nicht, was ich getragen habe", sagte sie bei einer

Rechts: Das Cocktailkleid war eine typische Erfindung aus Amerika. Das Thema wurde auch in Berlin mit vielen verführerischen Varianten durchgespielt, Modell Uli Richter.

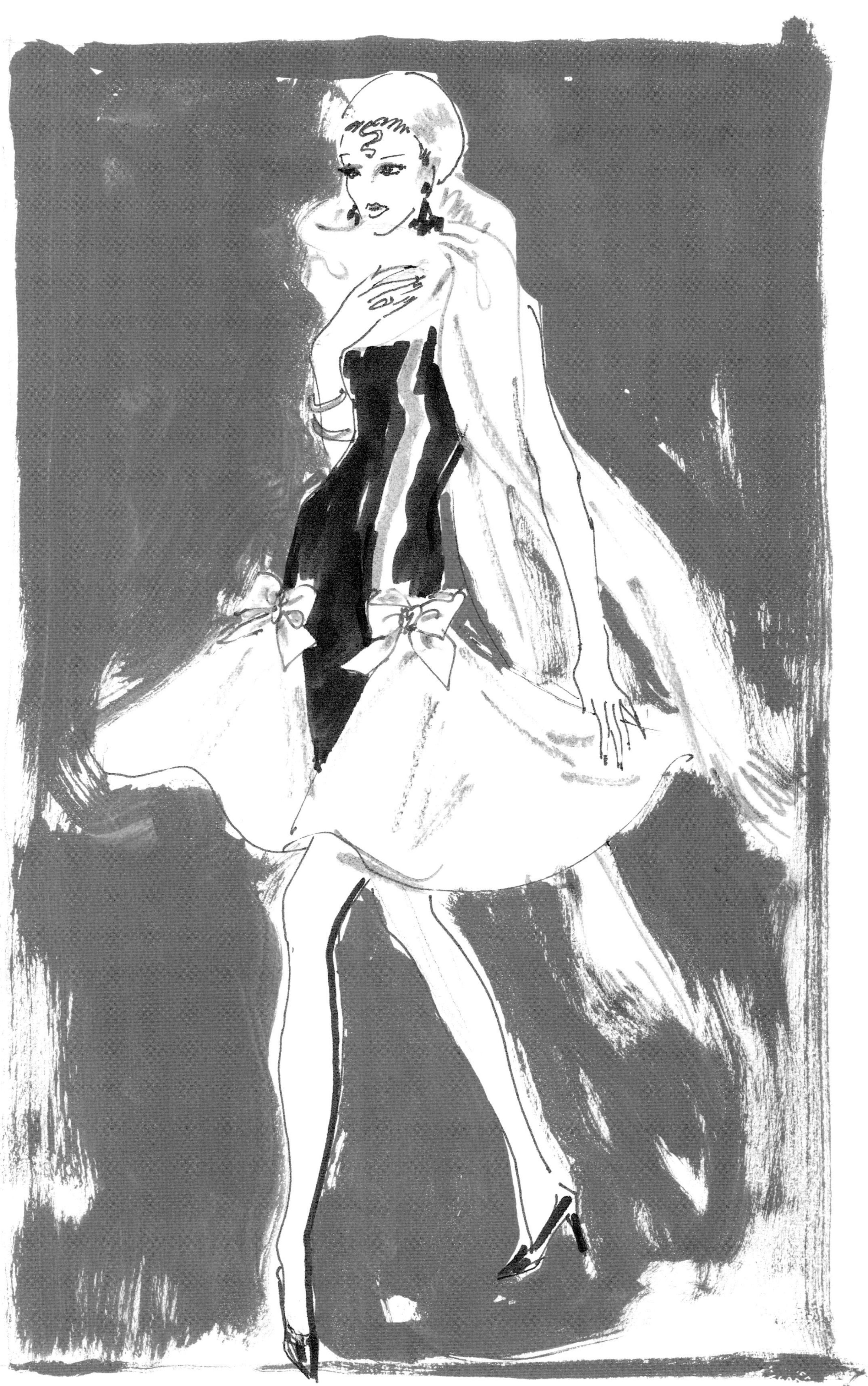

der Anproben vor dem großen Spiegel, ihre tiefe, hoheitsvolle Stimme leutselig dämpfend. Sie lächelte, denn sie war nicht ohne Humor. Daß sie ihren Berliner „Hofschneider für die Hochzeit" in der dritten Person anredete, eine Handvoll Zarenhofpuder über die Szene stäubte, war eine neue Erfahrung für den Berliner Modemann. Er denkt noch heute mit Vergnügen an die hektischen Tage des „Hochzeitstrousseaus der Prinzessin" zurück. Und auch alle Mitarbeiter, von der Direktrice bis zum Lehrmädchen mit Nadel und Faden, genossen dieses inoffizielle Hofzeremoniell im Hause, die mit historischem Märchenglanz parfümierte Luft, in der die großfürstliche Gemahlin, die Prinzessin und ihre Brautjungfern einherzuschweben schienen.

Auch Gracia von Monaco, der ehemalige Hollywoodstar Grace Kelly, hat „Uli Richter" getragen. Sie redete ihn zwar nicht in der dritten Person an, aber als Fürstin und Landesmutter hatte sie ihre Rolle in hoheitsvoller, wenn auch liebenswürdiger Distanz gelernt. Immerhin hielt sie etwas von in Berlin entworfener Eleganz, denn zweimal durfte Uli Richter seine Werke in grande gala vor ihrem Hof entfalten.

Nicht von Adel, aber von persönlichem Format war und ist eine seiner liebsten Kundinnen, eine Frau, die Uli Richter bewundert, ihre Haltung, ihre gleichbleibend unaufdringliche Freundlichkeit, ihren Stil, niemals hat sie sich von kurzlebigen Hits und Trends korrumpieren lassen. Rut Brandt, als sie sich zum ersten Mal von Richter anziehen ließ, für eher kurze Zeit Erste Dame der Bundesrepublik Deutschland. Sie gehörte mit Lili Palmer und der Knef, Anneliese Rothenberger und der Verlegerin Änne Burda, neben Frauen des diplomatischen Corps und der westdeutschen Hochfinanz zur Klientel des Hauses. Aber wenn man seinem Ton beim Erzählen glauben darf, dann nahm Rut Brandt in der menschlichen Wertschätzung ihres modischen Beraters immer eine Sonderstellung ein. Noch heute läßt sie sich von Richter beraten und anziehen, dessen Erfahrung und Wissen auf dem Gebiet der praktizierten Mode mit einer Professur an der Berliner Hochschule der Künste bestätigt wurde. Er hat den völlig fremden Berufszweig der Lehre mutig aufgenommen in der Überzeugung, daß es wichtig sei, dem Nachwuchs auch die Praxis des Alltags der Mode nahezubringen. Wissenschaftliche, ergometrische Berechnungen und bekleidungsphilosophische Übungen allein lassen nicht unbedingt Kleider entstehen, in

Rechts: Der Partyanzug trat auf die Bühne der Mode, er war eine Lieblingsidee auch von Uli Richter.

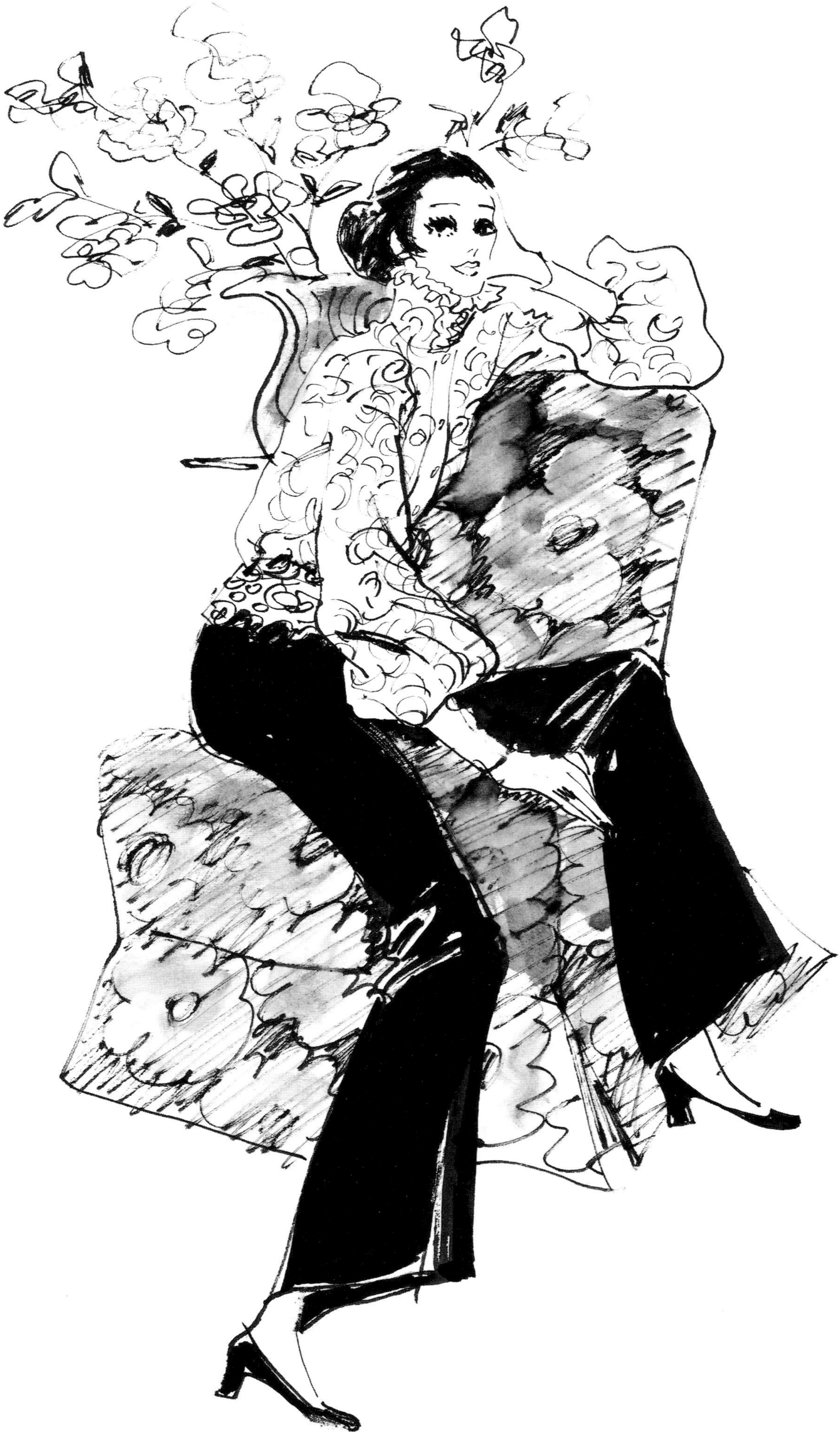

denen sich die Frau wohlfühlt, Kleider, die ihr Selbstbewußtsein stärken. Das breite Band dessen, was Mode ist, versucht Uli Richter im Auge zu behalten. Und so praktiziert er neben seiner Lehrtätigkeit an der Hochschule der Künste weiter, das heißt, er entwirft immer wieder einmal eine kleine elitäre Kollektion für Frauen mit sehr viel Geschmack, den sie haben oder kaufen möchten, und sehr viel Geld.
Auch das ist Berlin.

Mensch und Mode brauchen Ferien und weite Horizonte, um neue Ideen und Kräfte zu sammeln. Auch für diese Phasen schaffen sie sich ihr Ambiente und ihr passendes Kostüm. Dieses hier entwarf Uli Richter.

Linienspiele und ein sachtes Ende

Nach dem New Look, in einer Zeit des aufblühenden Wohlstandes, gefiel sich die Mode in einem fast zwanghaften Spiel mit immer neuen Linien und Silhouetten. Mode sollte und mußte bedeuten, daß von einer Jahreszeit zur anderen, mit jedem Wechsel der Sonnenbahn neue Bilder der Frau geschaffen wurden. Und es war Mode, sich nach dieser Maxime zu richten. Das Tailleur à la Jacques Fath mit zierlicher Taille, leicht gepolsterten Hüften und dem engen Rock, die Prinzessform, genannt X-Linie, die Tulpenform, H-, und A-, und Y-Linie. Empirelinie und Babydoll – diese frühreife, kokett kindliche Figur war einem Film entnommen. Wie denn überhaupt der Film, wie Hollywood immer wieder Impulse zur Verbreitung der Mode aussandte. Am augenfälligsten die Filme mit Audrey Hepburn, die von Givenchy angezogen zum modischen Idol für Jahre wurde. Ihrem schmalen großäugigen Charme konnte kaum jemand widerstehen, ihre H-Linienkleider, kniekurz mittlerweile wieder, waren der Triumph einer neuen, aber doch noch äußerst gepflegt heranrollenden Modewelle. Zugleich aber spielte Audrey Hepburn auch in Filmen, die sie in engen Jeans, großen, schlabberigen Pullovern und hängenden Hemden auftreten ließen. Sie zeigte in ihren Rollen die Nahtstelle zweier modischer Welten und Weltanschauungen auf, deutete mit dem unbekümmert saloppen, gegen Zwang und Couture revoltierenden „neuen Stil" auf eine Entwicklung hin, die sich am Horizont abzeichnete.
Anfang der sechziger Jahre noch hatte Berlin genug hochklassiges Potential, bot seiner europäischen Klientel Kleiderluxus und Eleganz an, wenngleich die Reihe der Modellhäuser sich bereits gelichtet hatte. Die Linienspiele der Mode, die Paris diktierte, wurden mit Ehrgeiz und variantenreichen Einfällen nachvollzogen, in den Modellhäusern, von denen geredet, über die berichtet wurde, ebenso wie in den Hunderten von Firmen, die das „tägliche Brot" der Mode, das schlicht „Tragbare" für jederfrau herstellten. Bis zum Jahre 1963 war die Welt noch in Ordnung, die Welt der Mode in Berlin. Man kam, sah, orderte, berichtete über die elegante Produktion der Stadt. Berlin und seine DOB gefielen sich in ihrer auserlesenen Position als Herz- und Nervenzentrum der Mode in Deutschland.
Aber Hochmut kommt leider vor dem Fall. Die Konkurrenz schlief nicht. In Düsseldorf gab es seit 1948, seit sie von Berlin – der Blockade wegen – initiiert worden war und als Modebrücke

Rechts: Linienspiele der Mode. Nach ihren Vorstellungen nahm die Fotografin Regi Relang diese Impression aus Wolken, Wind und Chiffon auf.

zwischen Berlin und dem Westen benutzt wurde, die Modemesse IGEDO. Sie hatte nur verkaufstechnischen Ehrgeiz als Messeplatz, hatte Berlin über all die Jahre hin Rolle und Ruf als Premierenbühne, als Forum der Presse- und Informationsschauen überlassen. Was zugleich hieß, daß anläßlich der Premieren auch bedeutende Einkäufer nach Berlin kamen und auch hier orderten.

Doch eines Tages kam die Stadt München auf den Gedanken, ihrem Image als Kunst-, Bohème- und Touristenstadt noch ein weiteres Brillantsteinchen ans Geschmeide zu heften. Sie beschloß eine eigene Modemesse zu installieren. Ein Berliner, was die Sache äußerst pikant erscheinen ließ, arrangierte das neue Schmuckstück, die Modewoche München. Bedenkt man die zweifelhafte Insellage Berlins und die komplizierten Reisemechanismen, so war der Erfolg dieses Unternehmens vorprogrammiert. Nur Mutige wagten sich in das eingemauerte Berlin, was konnte einem nicht alles widerfahren auf dem abenteuerlichen Weg in diese Stadt, die man am besten vergessen sollte. Die Berliner DOB, angeführt von ihrem agilen, immer positiv eingestellten Verbandsvorsitzenden Heinz Mohr, erfolgreich mit preiswerten „Fummeln" und immer strahlender Laune, nahm die bayerische Initiative gelassen auf. „Gesunde Konkurrenz ist immer gut", meinte Heinz Mohr großzügig und hatte keine Befürchtungen für den Berliner Modemarkt.

Irren ist menschlich. Er konnte nicht voraussehen, daß „die Presse" diesem seinem Optimismus in den Rücken fallen würde. Eine der Wortführerinnen der auflagenstarken Modeblätter in Westdeutschland sagte, und ihr Wort war wie alle Flüsterpropaganda von schnellballartiger Wirkung, sie gehe hinfort nach München, um zu berichten und fotografieren zu lassen. Berlin, das ihr viele Jahre lang Gastfreundschaft und großzügige Arbeitsmöglichkeiten geboten hatte, war „out", München war „in". So einfach war das, und München ist ja auch allemal ein schönes Reiseziel. Die Berliner Modellhäuser, soweit noch vorhanden, waren gezwungen, in München Dependancen einzurichten. Von nun an fanden die Premieren und der große Modebazar des Saisonbeginns an der Isar statt.

Für die gesamte Bekleidungsindustrie in Berlin trat infolge der Modemesse München eine verzwickte Lage ein, denn die Einkäufer, viele von ihnen, kamen nun nicht mehr her um zu

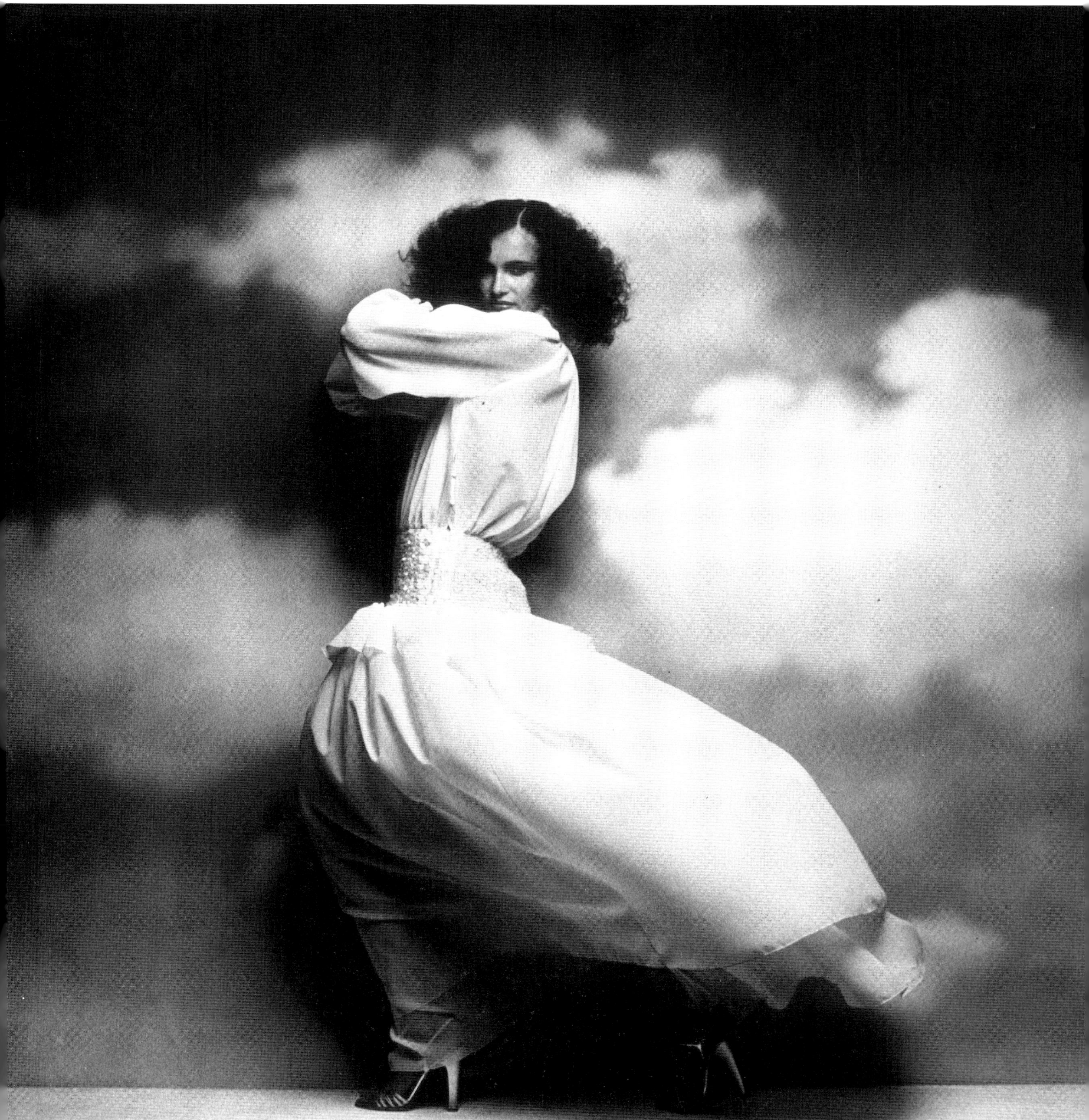

ordern. Die Mauer, 1961 errichtet, die Kontrollen auf den Transitstrecken hatten sie ohnehin schon verunsichert, nun, da sie diese neue Modemesse „vor der Haustür" hatten, eilten sie ins bayerische „Königreich", um sich mit dem Neuesten zu versehen. Also mußten viele der Berliner Konfektionäre fortan mit ihren Kollektionen nach München reisen, um ihre Kunden dort zu treffen.

In dem Maße, in dem der Modeplatz München dank guten Managements aufblühte, versank der Messeplatz der Mode in Berlin in sanfter Resignation. Mit einer Modemesse am Funkturm wurde ein Versuch unternommen, die Sache zu retten, aber die INTERCHIC starb nach jahrelangen tapferen Bemühungen der Ausstellungs- und Messegesellschaft am Funkturm mangels ernsthafter Beteiligung, vor allem der potenten Berliner Hersteller, eines sang- und klanglosen Todes. Berlin als Premieren- und Presse-Zentrum der Mode hatte zunächst einmal seine Position eingebüßt.

Das Spannende bei der Beobachtung des Phänomens Mode sind die Zusammenhänge von Anspruch und Ausdruck, von politischen und ökonomischen, sozialen wie kulturellen Bewegungen. Die Mode wird schließlich nicht um ihrer selbst willen gemacht, wenn es das in einzelnen Fällen auch gegeben hat. Ihre narzistischen Züge sind die eher publicityreifen Facetten ihres allgemeinen sozialen Gefüges.

Sachte und ohne großes öffentliches Aufsehen – bis auf den spektakulären Mord an Werner Machnik – war die Gruppe der Top Ten zusammengeschmolzen. Die beiden jüngsten, Detlev Albers und Uli Richter, hatten den längsten Atem und sie hielten das Fähnlein der elitären Eleganz noch bis gegen Ende der siebziger Jahre hoch. Die Zeit war wieder einmal reif für ein Revirement. Zwei Jahrzehnte des Aufbaues, der Gesundung, eines wie an ein Wunder grenzenden Wohlstandes hatten zugleich aber auch Nachdenklichkeit, Überdruß und Aufsässigkeit bewirkt, die schließlich mit den Studentenrevolten 1968 ihren, für alle, die es sehen wollten, sichtbaren Ausdruck fanden. Für die Mode und die Bekleidungsindustrie hieß diese Entwicklung, daß auch sie sich ihre Gedanken machen mußte. Sie war nun vollends demokratisiert, war nicht mehr Privileg. Modisch gekleidet zu sein, das konnte man sich in jeder Preislage leisten, es hatte mehr mit Geschmack und Information zu tun, denn mit

Zweimal Babydoll. Der kurze kindliche Abstecher der Mode in die Literatur wurde angeregt von Nabokows Roman Lolita, Modelle von Schwichtenberg.

Geld oder gesellschaftlicher Position. Natürlich gab es – und wird es immer geben – eine kleine Gruppe von Frauen, denen nur Modellkleider, einmalige Kreationen genügen, aber der Kreis der „Elitären" wurde kleiner und kleiner, auch anspruchsvolle Frauen mit viel Geld fanden Spaß daran, sich ihre Garderobe in verschiedenen Modegeschäften zusammenzustellen. Das war modisch „legitim", weil sich die Idee des Kombinierens, der Set-Gedanke, durchzusetzen begann. Perfektion, das Damenhafte, bei dem alles Ton in Ton aufeinander abgestimmt und farblich „passen" mußte, war allmählich langweilig geworden. Man ging dazu über, der Mode einen unkonventionelleren, persönlichen und eher lässigen Akzent zu verleihen. Es war eine logische Entwicklung. Die Zeit der exquisiten Eleganz wurde abgelöst von einem allgemeinen, weltläufigen, durchaus nicht banalen, aber emanzipierten Vergnügen an der Mode. Wer dennoch auf Exclusivität Wert legte, fand sie in Berlin noch für mehrere Jahre bei Albers und findet sie bis heute noch bei Richter.

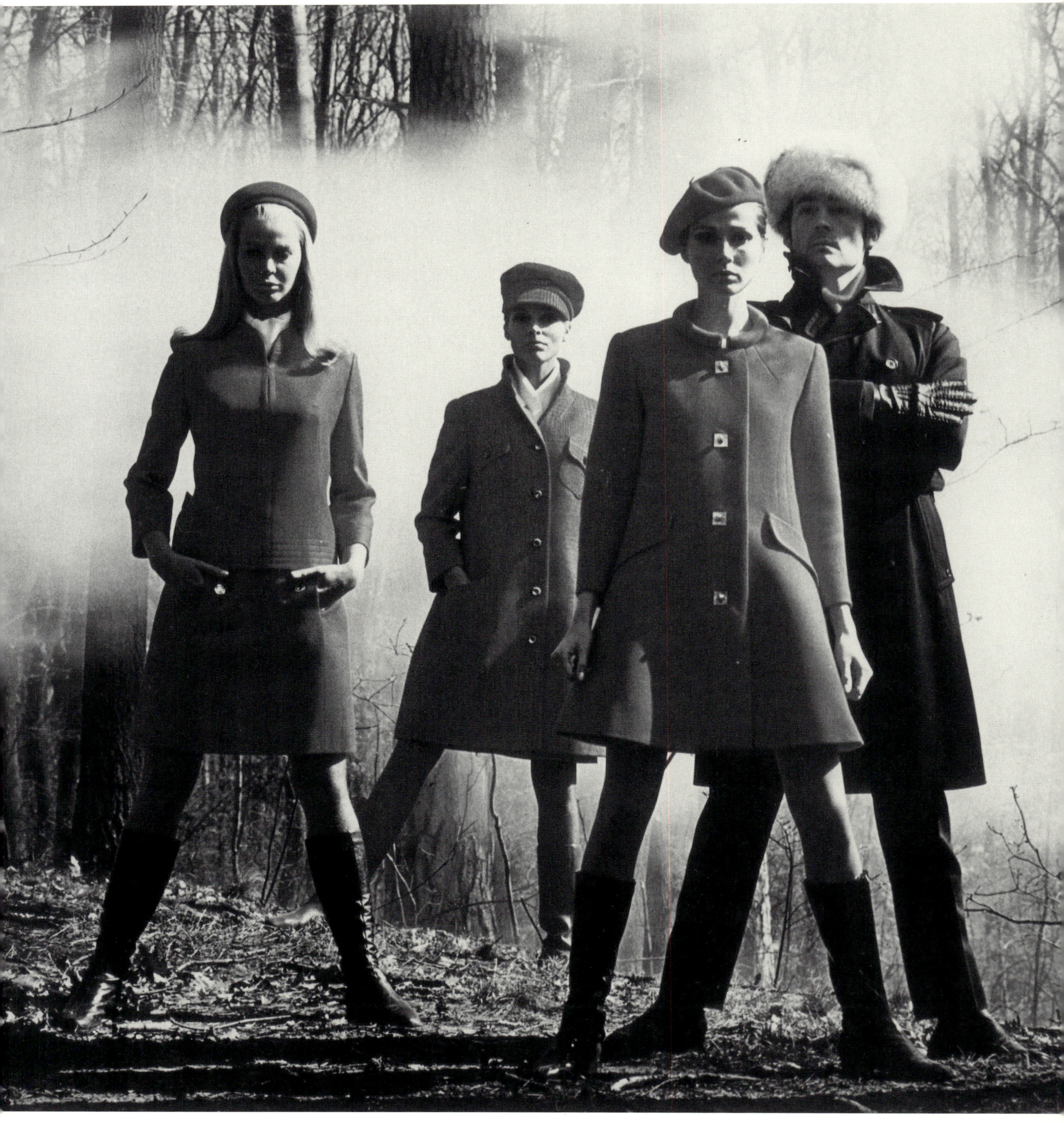

Mini, Maxi und die 68er plus Punks

Eine Londonerin und ein Pariser streiten sich (nicht sie selbst, sondern ihre Chronisten) um den Ruhm, den Mini erfunden zu haben. Mary Quant und André Courrèges waren die mutigen Eltern, die dieses rasante Kind in die Welt setzten. Der Rocksaum rutschte bis zur Hälfte des Oberschenkels hinauf, ein neues Wesen war entstanden, es hatte eine Unmenge Bein. Über dieser Menge Bein war der Stoff geometrisch zu kastenartigen Röcken, kurzen kastenartigen Jacken, rechteckigen Kleidern geschnitten, der Kopf obendrauf hatte mit kurzem Haarschnitt klein zu wirken. Accessoires wurden dem aktuellen Weltraumprogramm entnommen, auch modisch griff man zu den Sternen. Der Astronautenlook hatte seine Zeit.

Das war nun etwas wirklich Neues. Wer konnte schon daran vorübergehen, abgesehen von all den „Vernünftigen", die es schlicht mögen, aus Einsicht oder Überzeugung. Die anderen hatte der Mini ziemlich fest im Griff. Er war übrigens kein sehr galanter Zeitgenosse, denn höchstens zwanzig Prozent aller Beine waren so lang und schön, daß es ein Vergnügen war, sie zu betrachten. Die anderen – also Schwamm drüber. Aber in den Sechzigern, als dieses kurze Kind das Licht der Welt erblickte, war Mode noch in der Phase einer gewissen zwanghaften Neurose befangen. Man, oder war es bereits frau, mußte sich nach der neuesten Pariser Rocklänge richten, anderenfalls fühlte man oder frau sich „demodé", hoffnungslos unmodern. Dieser Tage, im Jahre 1991, sind wir auch von diesem letzten Zwang befreit. Superkurze Röcke werden von Paris wieder oder noch immer mit Begeisterung dargestellt, aber sie sind nur eine von vielen Möglichkeiten, Bein oder nicht Bein (Verzeihung!) das ist heute keine modische Existenzfrage mehr.

1968. Studentenrevolte. Protest! Protest! gemischt mit lautlosen Protestgesängen der Hippiekinder. Die Mode reagierte zunächst irritiert und indigniert, dann aber schnell aufmerksam werdend. Was die Protestkinder, die selbstverständlich auch gegen den Luxus und die feinen Allüren der Mode waren, gegen das verabscheuungswürdige Establishment—, was sie trugen, nämlich Jeans und Hemden, Westen und Folkloreaccessoires, Erinnerungen an Omas Zeiten, Gammel-, Trödelsachen von unbekümmerter Tristesse – ließe sich daraus vielleicht Mode machen? Es war junges Volk, das so etwas trug, das seine Meinung zum Lebensstil der Eltern, zu Politik und Wirt-

Links: Die neuen Minis vor einer Grunewaldkulisse im Nebel, 1967. Aufgenommen von Regi Relang.

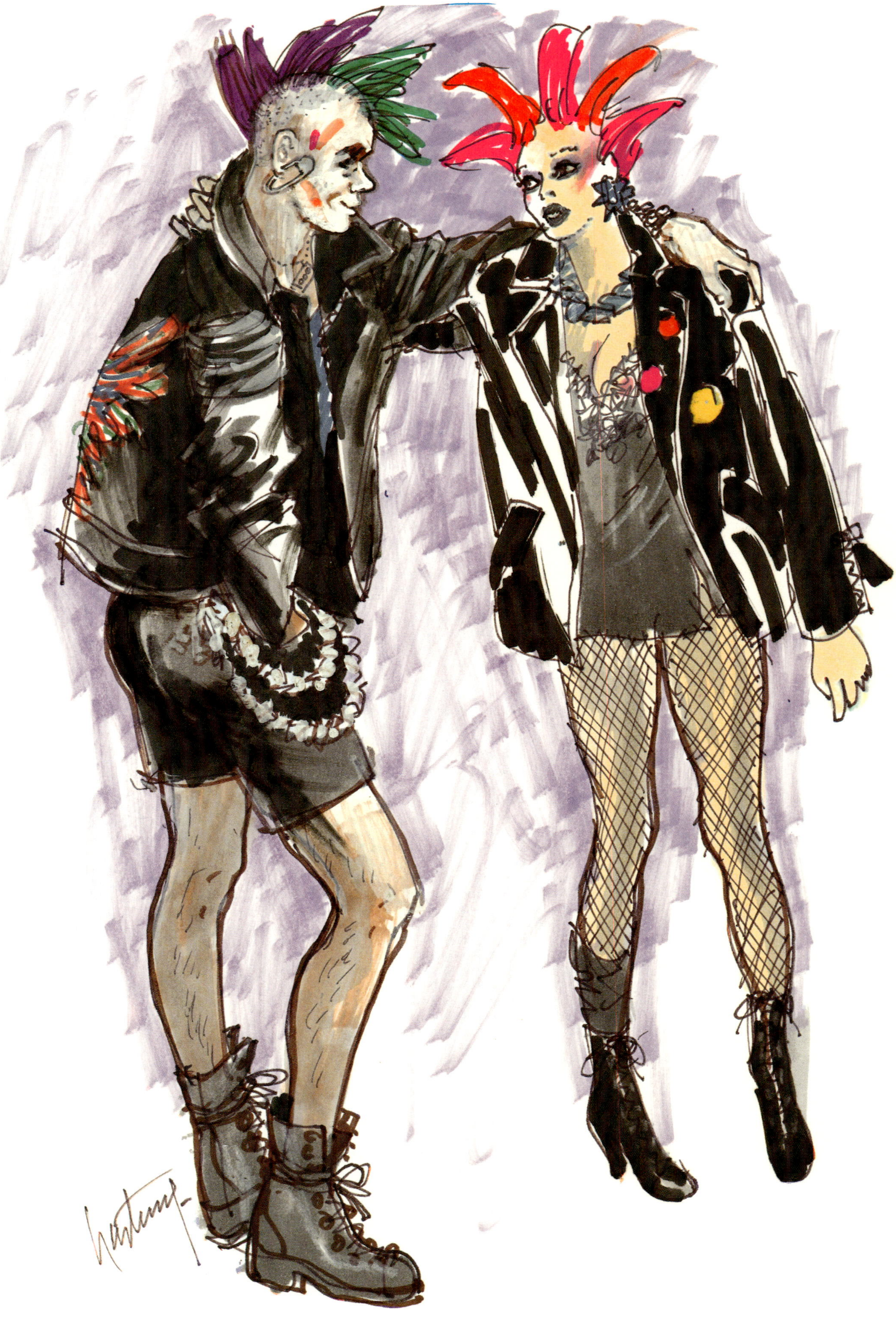

schaft mit Kleidung zum Ausdruck brachte, nicht zuletzt. Aber es waren auch potentielle Kunden, man müßte vielleicht darüber nachdenken.

*

Etwas Bemerkenswertes ereignete sich also in diesen Jahren, vom Gros derer, die Mode für sich in Anspruch nahmen, indessen kaum bemerkt. Analytiker von der Wissenschaft der Kleidung aber stellten es fest: Die Mode sandte ihre Signale nicht mehr nur von oben nach unten aus, sondern auch von unten nach oben. Nicht mehr allein aus den inneren Bezirken der Pariser Modeimperien und der oberen Zehntausend, sondern von den äußeren, breiten Bereichen des Lebens, von der Straße und den jungen Protest- und Spielwiesen, den Foren der Meinungsfreiheit und der Demokratie auch in der Kleiderordnung.

Auf alle Fälle nahm die Jeansmode ihren Anfang. Sie brachte unendliche Variationen hervor bis hin zu den brillantbestickten Luxusmodellen der neunziger Jahre. Und sie wird, so ist anzunehmen, weitere Jahrzehnte überstehen und allen Versuchen, die Holzfällerhose des Levi Strauss endlich aus dem Repertoire der Mode zu entfernen, widerstehen (ich liebe Jeans!).

Jeans indessen wurden in den Jahren darauf in einer neuen Variante der Protest- und modischen Subkultur nur noch zum untergeordneten, wenn auch unvermeidlichen Bekleidungsstück, das dementsprechend die Ansichten einer neuen Generation von Protestlern zu spüren bekam. Sie wurden entfärbt, gebleicht, gefetzt, zerrissen, sie hatten kenntlich zu machen, daß Nichtachtung modischer Etikette „in" war. Diese Dokumentation einer immer wieder neuen Abwehrhaltung mit weltweitem touch hat sich bis auf den heutigen Tag erhalten, und nicht nur das, sie wird mit Berechnung industriell erzeugt.

Und schließlich zeitigte seinerzeit die Protestwelle jenseits aller Politik noch eine besondere Gattung modischen Aufbegehrens, und zwar den Punk. Wo er erfunden, geboren, entworfen wurde –, so genau ist das nicht zu bestimmen, aber er war plötzlich da und wurde schnell ein von zumindest der älteren Generation mit Mißbehagen und Unverständnis betrachtetes Subjekt in den Großstädten der westlichen Welt. Schwarz war ihre Farbe, Leder ihr Material. Irgendein atavistischer Funke glühte in

Links: So etwa erfreuten sie das widerspenstige Herz der, ihrer, Scene und ärgerten brave Bürger. Die Punks, die sich mit viel Fantasie zu Horrorfiguren hochstilisierten.

Rechts: „Heißes Höschen" hieß die minimale Variation der Hose, die den Spuren des Minirocks folgte und für kurze Zeit vor allem Medienfurore machte.
Oben: Ins Humoristische stieg die Mode mit Wilhelm Buschs Max und Moritz-Hosenmodell, es war neu und witzig, lebte aber nicht lange. Modell von Rikki Kampmann.

ihrer martialischen Aufmachung, die mit Metallnieten, finsteren Emblemen und in den bösesten Fällen mit Fahrradketten auf sich aufmerksam zu machen suchten. Punks halten auf ihre eigene „Kleiderordnung", sie versuchen zu provozieren. Und in ihrer zahmeren Art schockierten die Söhne, auch bürgerlicher Eltern, ihre Familie mit Irokesenhaarschnitt in grün und lila, ihre Kleidung entstammte dem Kostümfundus von Märchen und Marodeuren. Eine Entwicklungsphase der späten Teens, die sich hier und da ebenfalls bis heute gehalten hat.

Da es aber nicht nur junge Protestler, sondern auch junge Karriereleute gab, sorgte die Mode neben dieser für viele suspekten Jeans- und Gammlermode für das entsprechende karrierebewußte Outfit. Blazermode rückte ins Blickfeld. Bequem, chic, gutproportioniert, nichts dagegen einzuwenden. Und: Mit dem Maxi wurde dem Mini der Kampf angesagt. Er hielt sich aber nicht lange, dieser lange Mantel, erst Jahre später, in den Achtzigern, fand er Anerkennung und wurde in eleganter Partnerschaft mit einem minikurzen Kleid auf internationalen Modeplätzen favorisiert.

Viel Sensationelles tat sich nicht in den folgenden Jahren. Die Mode spielte mit Linien, die Rocklänge variierte, die Taille rutschte einmal tiefer, einmal höher, die Figur wurde einmal mehr, einmal weniger betont, sie durfte sich hauteng zeigen oder sich einer beweglichen Zwanglosigkeit erfreuen. Romantik kehrte aufs Spielfeld zurück, Stickereien, Rüschen, Borten, und verschwand wieder, Folklore wurde chic, dann waren es wieder saloppe „sportive" Elemente. Klassik manifestierte sich in Faltenröcken, in schottisch Kariertem, in Jackets und Blazern mit Marineknöpfen. Hosen eroberten sich ihren nicht mehr wegzudenkenden Platz, die Frau hatte sich entschieden, Hosen zu tragen. Sie hatte ihren Platz im öffentlichen Leben anvisiert, wenn dieser Platz ihr auch bis auf den heutigen Tag nur begrenzt zugestanden wird.

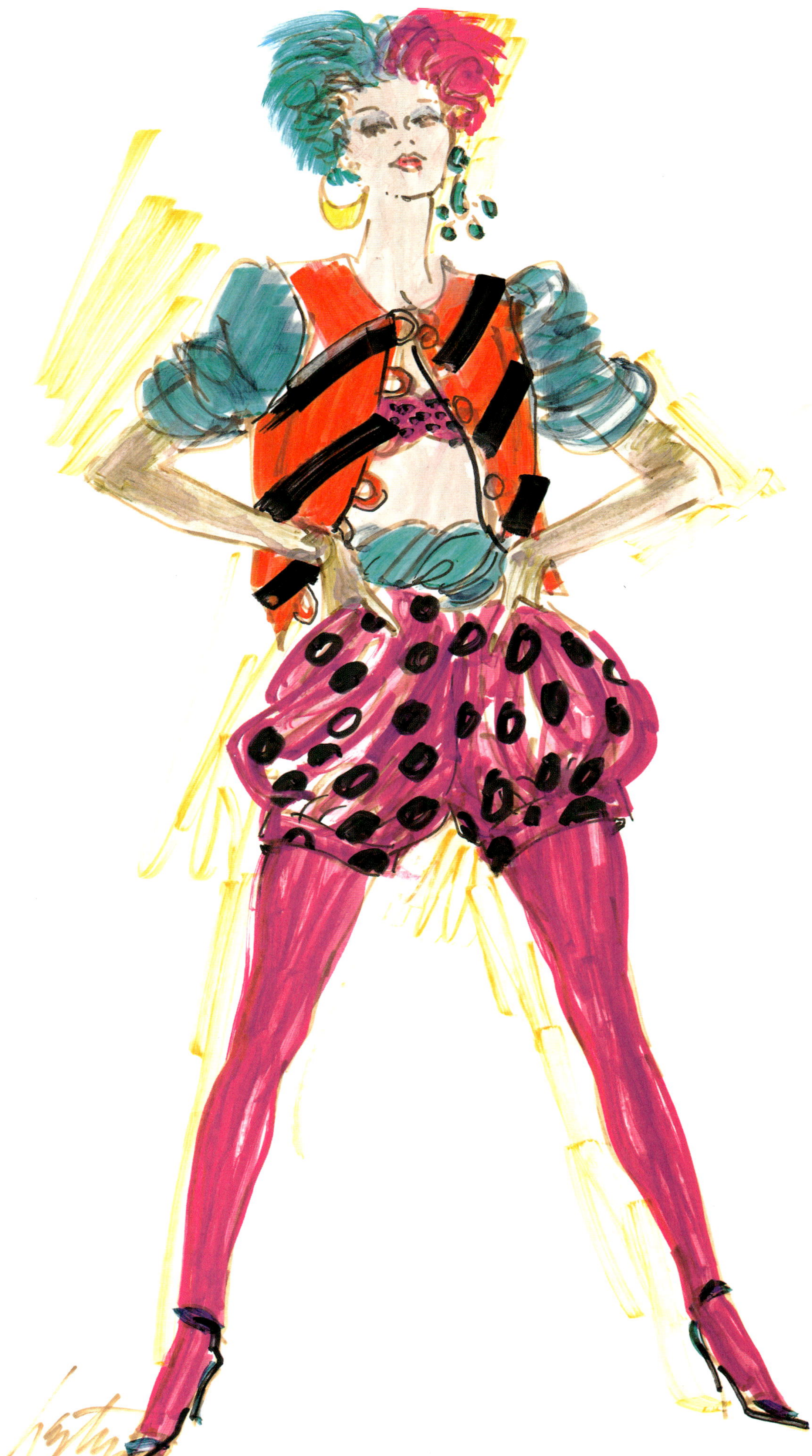

Rechts: Vom Feinsten waren die Pelzmodelle namhafter Berliner Kürschner. Im Pelzhaus Schrank wurde seinerzeit, in den Siebzigern, diese Zobeljacke mit Schwänzchen vorgeführt. Auch Pelz als Besatz spielte in jenen Jahren eine Rolle (Skizze oben).

Es war einmal ...

Es war einmal eine Zeit, da hüllte sich der Mensch in das Fell mühselig erbeuteter Tiere. Es war die Anfangsphase einer Bekleidung. Und es gab Zeiten, in denen Fell, also Pelz zur Verbrämung von königlichen Mänteln und Gewändern eine repräsentative und modische Rolle spielte. Dann traten Länder und Gebiete ins Licht der Geschichte, deren Klima die Wärme von Pelzwaren erforderte, Zobel für die Herrschenden, Kaninchen und Hase für die weniger Bemittelten, die Armen mußten frieren. Es gab über Jahrtausende hin genug Tiere, denen man das Fell abziehen konnte, ohne daß ihre Art gefährdet wurde. Schließlich aber langte der Mensch im zwanzigsten Jahrhundert an, diesem, alle Normen sprengenden Jahrhundert. Er hatte im 19. Jahrhundert eine gewisse Liebe zu kleinen Pelzjäckchen, Pelzkragen, auch zum Cape, zu Pelzmütze und Muff entdeckt, doch hielt sich diese Liebe in Grenzen. Mit dem 20. Jahrhundert aber, und vor allem mit dem Beginn der zwanziger Jahre, als die Mode in die Phase der Liberalisierung eintrat, wurde der Traum von Perlenkette und Pelzmantel auch unter bescheidenem Dach geträumt, er war nicht mehr Privileg der oberen Zehntausend. Das Kürschnerhandwerk blühte auf, Pelz zu tragen war chic, und Jedermanns sparten, damit Frau Jedermann einen Pelzmantel bekommen konnte. So ein Stück war repräsentativ, und außerdem hielt es warm. Ein neues Lebensgefühl breitete sich mit dem Erwerb eines Pelzmantels aus.

In Berlin gab es ein paar vielgenannte „Pelz"namen, zum Beispiel Bisegger oder Herpich, und als erster Pelzkonfektionär hatte sich die Firma Loeb & Sutheim einen großen Kundenkreis aufgebaut. Nach 1945, Jahre danach, als man es sich leisten konnte, nahm der Wunsch nach einem Pelz wiederum Maße an, die dem Kürschnerhandwerk viel Arbeit und Brot brachten. Die oberen Blätter dieses Zweiges der Mode in Berlin bildeten die Pelzmodellhäuser Schrank und Pelz-Kunze. Deren Schauen zum Beginn einer jeden Herbstsaison waren für Liebhaberinnen von Luxuspelzen ein begehrlich machendes Erlebnis.

Doch nach und nach kam der Mensch dahinter, daß er der Schönheit und der Vielfalt der Erde mit allen ihren Lebewesen auf ebenso vielfältige Weise Gewalt antat. Der Mantel aus dem Fell von Jaguaren oder Schneeleoparden war ein Luxus, der nicht zu verantworten und außerdem völlig überflüssig war. Die Wildlife-Schutzbewegung erreichte auch die Kürschner, und

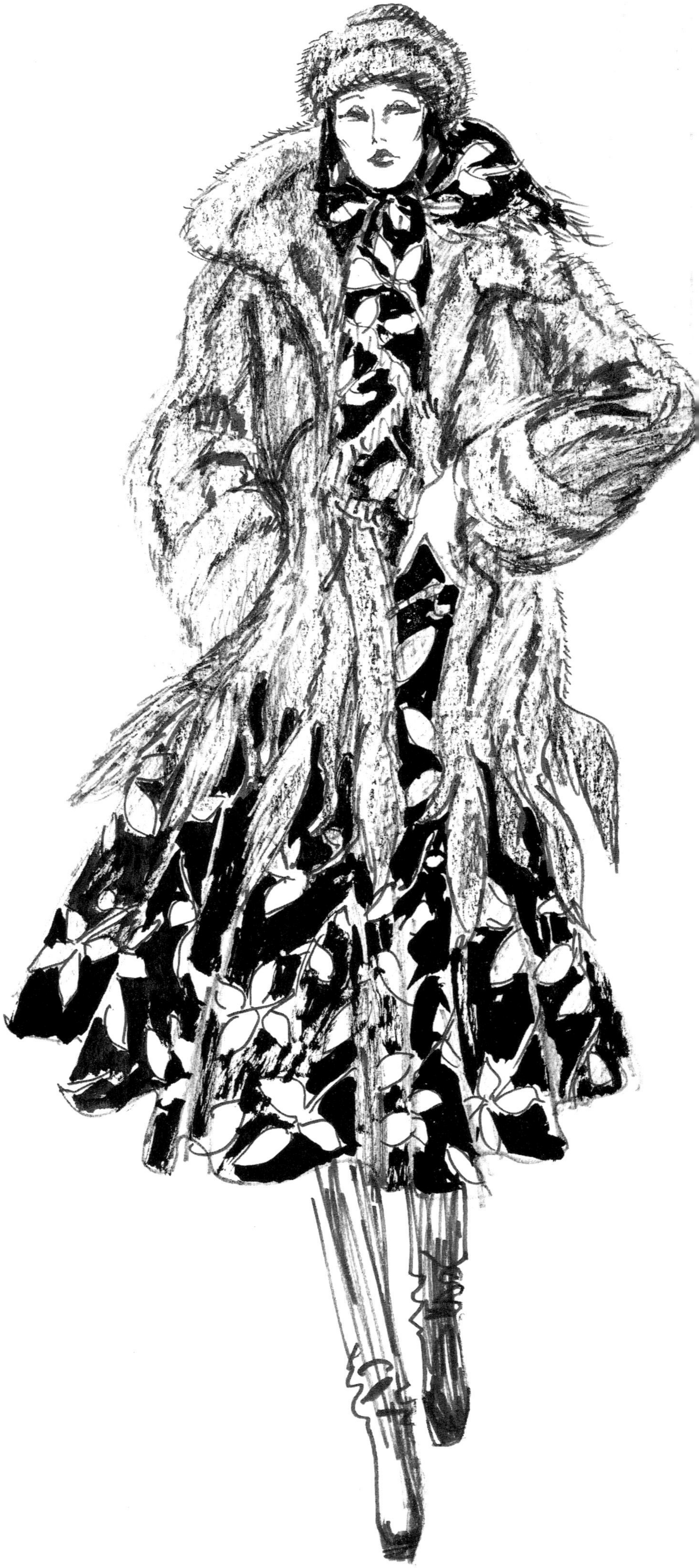

freiwillig aus Einsicht oder weil die Einfuhr von Fellen gefährdeter Tierarten verboten war, verzichteten sie auf alle Felle, die nicht in Herden oder Zuchtfarmen herangezogen werden. Doch auch diese Art der „Vermarktung" von Tieren fand immer wieder herbe Kritik. Oft mit Recht, oft in emotionsgeladener Übertreibung. Das ging soweit, daß Leute, die einen Fellmantel, etwa einen Lammfellmantel trugen, auf der Straße angeschimpft wurden, und zwar von Leuten, die just zum Mittag einen vorzüglichen Lammbraten verspeist hatten. Mit anderen Worten, Tierliebe schlägt zuweilen seltsame Purzelbäume. Wer Schuhe aus Leder trägt, einen schicken Lederblouson oder eine lederne Handtasche, dürfte sich eigentlich über andere Leute, die einen Pelzmantel tragen, nicht aufregen. Vorausgesetzt, daß die Felle aus sorgsam und vernünftig gehandhabten Zuchtbetrieben stammen. Die Kürschner, denen es dank der Tierschutzwelle selbst ans Leder geht, achten schon zum Schutze ihrer Arbeit darauf, daß sie Material verarbeiten, dessen Herkunft sie mit gutem Gewissen nennen können. Berliner Kürschner haben einen guten Ruf. Sie sind nicht ohne Umweltbewußtsein und modisch lassen sie sich viel einfallen.

Fuchs üppig und Lakoda glatt, ein sportlich eleganter Mantel von Pelz-Kunze, einem anderen Berliner Pelz-Couturehause (rechts).

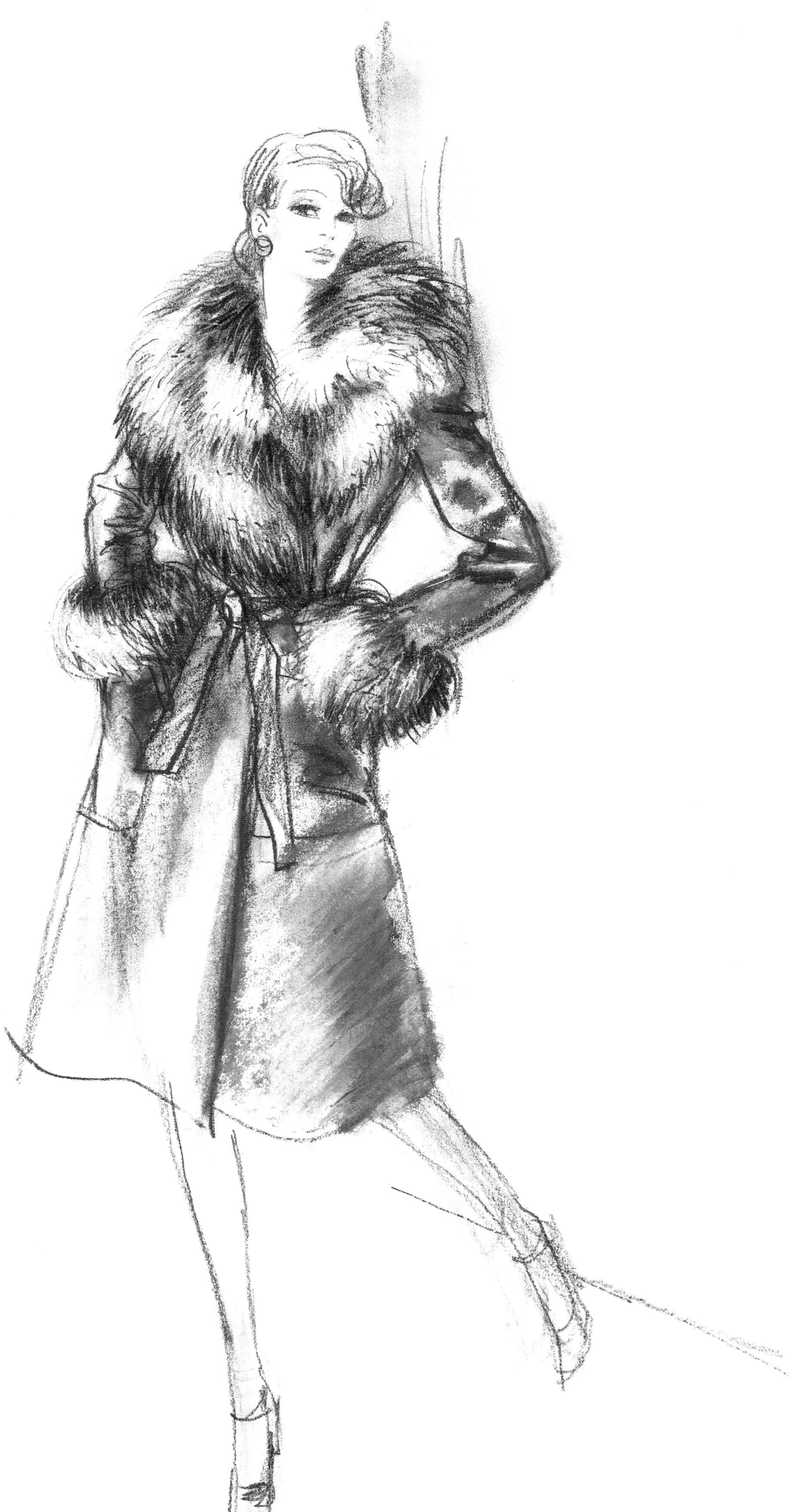

Fundgrube für Flitterkram

Mode ist nicht nur Linie, nicht nur Silhouette und Farbe. Wenngleich die Architektur und der farbliche Ausdruck das Wesentliche ihres jeweiligen Charakters sind, ohne die Vielfalt des Drum und Dran, des Flitterkrams, hätte sie im Laufe ihrer Geschichte sicherlich nicht soviel von sich reden gemacht, wie sie es getan hat. Es hat über Jahrtausende hin Modelle gegeben, die mit ihrer puren Linie, mit dem Fall und der Drapierung des Stoffes, mit einer einfachen aber genialen Linienführung, die auf jedes dekorative Element verzichten konnte, das Auge des Betrachters entzückt haben und zum Sinnbild klassischer Schönheit geworden sind. Eine Einfachheit, die übrigens oft sehr teuer ist. Aber weit mehr Erfolg haben immer jene Erfindungen der Mode gehabt, die mit Tand und tausend Tüpfelchen aus einem einfachen Stück Stoff ein Wunderwerk machten. Das war immer so, die bildende Kunst hat seit Jahrtausenden genug Beispiele für die Liebe zum Schmückenden geliefert.

In einer Stadt, die einen Teil ihres Lebens den Dingen der Mode gewidmet hat, muß der Vorrat an Schmückendem beträchtlich sein. Und so können Neugierige sie auch heute noch finden, die Millionen Knöpfe und Bänder, die Gold- und Silberfäden, die Steinchen, Stifte und Perlen, die Schnürchen und Schnallen, die Blüten und Blumen und Spitzen und Stickereien, mit denen sich wahrhaft „Erlebnismode" arrangieren läßt. Früher einmal hat es in Berlin ganze Arsenale dieser besonderen kleinen Kostbarkeiten manueller Herstellung gegeben, heute wird derlei mehr oder weniger aus billigproduzierenden Ländern bezogen. Aber es gibt doch immer noch einige Urberliner Manufakturen, die wunderschöne Seidenblumen herstellen, allerdings zum größten Teil für den Export, die mit ausgebildeten Fachhänden die Kunst der Stickerei immer noch pflegen, die Knöpfe nach eigenen Ideen entwerfen.

In den Werkstätten dieser Beharrlichen und Individualisten fühlt sich der Besucher in ein anderes Zeitalter versetzt. Die Liebe zum Handwerk, die kleinen Kunstwerke, die hier entstehen, der von vielen Jahrzehnten leicht überstäubte Glanz des Bijoux stimmen eine Spur melancholisch und rufen die Befürchtung hervor, daß derlei in nicht zu ferner Zeit wohl nicht mehr zu finden sein wird. Denn Nachwuchs gibt es nicht in diesen Künsten, der zarte Charme einer Seidenblume hat im Plastikzeitalter kaum noch eine Chance. Oder?

Rechts: Flitterkram und eleganter Tand sind Teil der Mode und – des Lebens. Regi Relang stilisierte diese ihre Erkenntnis mit diesem Bildnis.

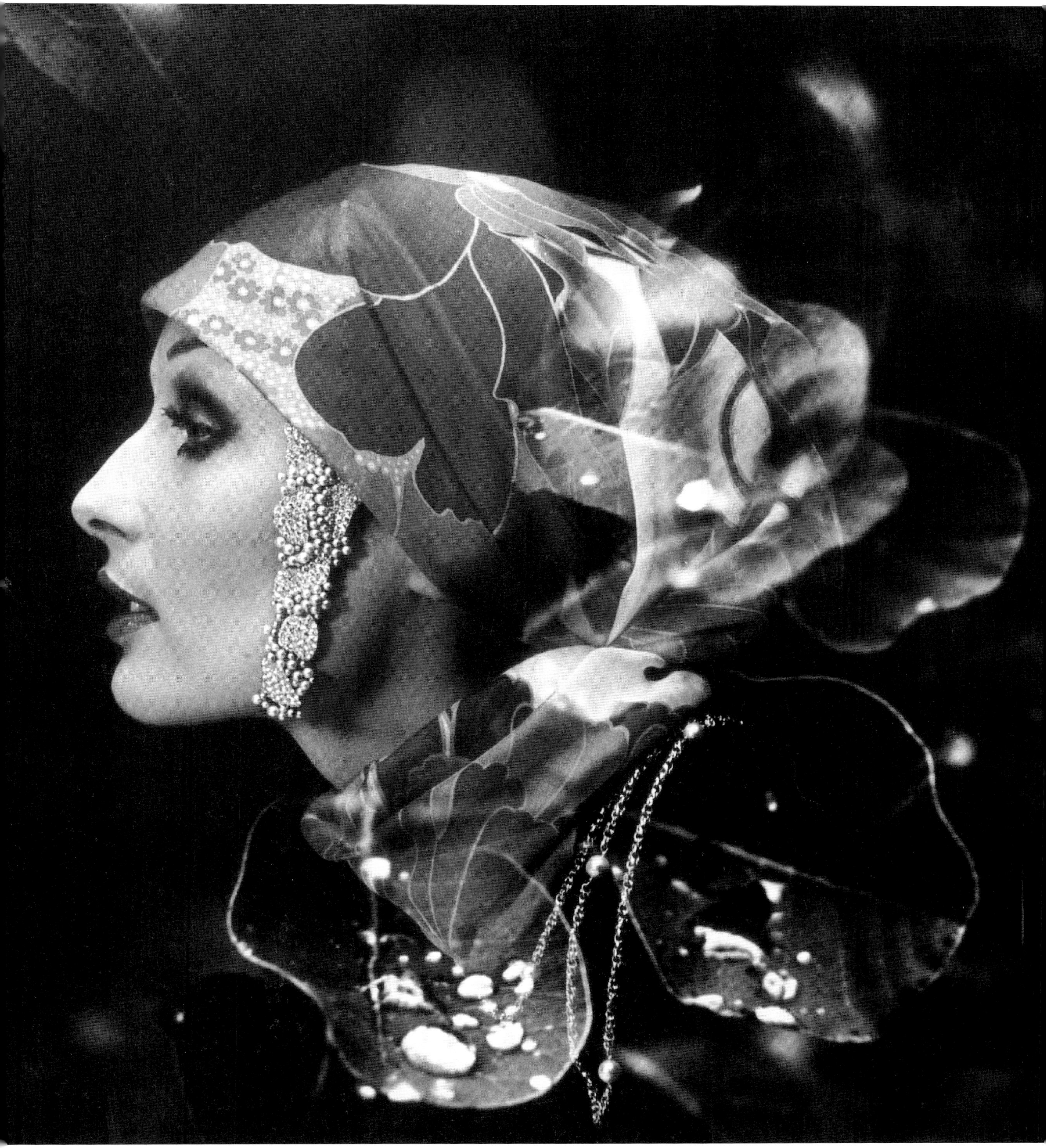

Für alle diese liebenswerten kleinen Dinge am Dekolleté der Mode, die zwar niemand zum Überleben braucht, die jedoch das Leben, solange es denn währt, mit kleinen Leuchtzeichen schmücken können, gibt es in Berlin noch eine Fundgrube. Sie existiert seit 126 Jahren. Vor gut einem Jahr beging eine Firma ihr 125jähriges Jubiläum, die jeden entzückt, der Sinn hat für all den Krimskrams à la mode, das Drum und Dran der Mode. „Grube" in der Hardenbergstraße, unweit des Stadtmarkierungspunktes Zoo, dürfte wohl die hübscheste Fundgrube sein, die weit und breit zu entdecken ist, ein Kramladen der kleinen Eitelkeit. Milliarden von Glasperlen jeder Größe und Farbe – gezählt hat sie noch niemand –, Steine zum Aufsticken, Seidenblumen, Atlasbänder, Straßsteinchen, Gürtelschnallen, Haken und Ösen zur Dekoration, Zierrat jeder Art ist in tausend Fächern und Schubladen verteilt. Eine Schatzkammer, die jeder Modernisierung bisher tapfer widerstanden hat und den Besucher mit der so selten gewordenen Atmosphäre einer langen Tradition empfängt.

Früher war es die Aufgabe der Lehrlinge eines Konfektionsbetriebes, das heißt der Entwurfsabteilung, die Zutaten für eine Kollektion zusammenzusuchen, die Knöpfe und Borten und Bänder und so weiter in der richtigen Farbe vorzusortieren. Man nannte das „couleuren", ein Relikt aus dem berlinischen Hugenottendeutsch, denn nicht zuletzt die Flüchtlinge aus dem Frankreich des 17. Jahrhunderts hatten Kleiderkultur und den Sinn fürs Modische mit nach Berlin gebracht. Heute nennt man es sicherlich nicht mehr „couleuren", und auch die Lehrlinge sind nicht mehr mit dieser Aufgabe betraut. Aber wunderbarer Krimskrams wird immer noch gebraucht, und diese Fundgrube ist eine Adresse, die auch jenseits der Konfektion viele Liebhaber anlockt.

Oben: Millionen Perlchen, Pailletten und bunte Steinchen wurden im Laufe der Zeit auf Tausende von Kleidern gestickt. Die Stickerei war einmal ein erlesenes Handwerk in Berlin.

Eine Nase aus Gold

Mit Orden, Ehrenzeichen und Medaillen schmückt der Mensch sich gern. Selbst im Falle, er hat etwas gegen das öffentliche Zurschaustellen seiner Verdienste, hat er doch kaum je den Mut, die Ehrung abzulehnen oder den Verleiher zu kränken. Und so denken die Leute und Gremien, die sich im Grunde über Orden und Ehrenzeichen erhaben fühlen, welche aus, und verleihen sie mit angemessener Würde.

Also hat auch die Mode sich ihre Ordensverleihungen mit verschiedenen heraldischen Ehrenzeichen zurechtgeschneidert. Sie hatte immerhin so viel Witz, diese Ehrenzeichen aus der Schneiderwerkstatt zu entlehnen und mit humorvollem Hintersinn auszustatten. Paris, das mit diesen Ehrungen begann, verleiht alljährlich den Goldenen Fingerhut. Auf westdeutschen Textil- und Modeplätzen sind oder waren andere Werkzeuge des Handwerks wie Schere, Nadel oder was immer zu gewinnen. In Berlin hatte im Jahre 1976 ein einfallsreicher Pressereferent der Ausstellungs- und Messegesellschaft, die seinerzeit die Messehallen für die Interchic stellte und die Modemesse mit Öffentlichkeitsarbeit begleitete, eine Auszeichnung für besondere Leistungen auf dem Gebiet der Mode in Berlin angeregt. Die Jury sollte aus Journalisten der Fach- und Tagespresse bestehen, es sollte ausgezeichnet werden, wer in dieser oder jener Hinsicht den Aktivitäten und dem „Image" der Mode in Berlin guttat.

Journalisten sind, wie auch der schöpferische Anhang der Herrscherin Mode, ausgesprochene Individualisten. Es ist nicht leicht, sie unter einem Hut zusammenzubringen, ihre Meinungen über Form, Farbe und Dekoration dieses Hutes gingen angesichts der zu verleihenden Auszeichnung denn auch auseinander. Aber schließlich schafften sie es, der Preis wurde beschlossen. Was aber sollte verliehen, womit das Revers der Ausgezeichneten geschmückt werden? Ein weiteres Schneiderutensil sollte es jedenfalls nicht sein, das verbot die Selbstachtung der Juroren. Was also? Hitzige Debatten. Ideen, die verworfen wurden, bissige Bemerkungen. „Fällt dir etwas Besseres ein?" „Unsinn!" „Nein, das trifft es nicht." Qualmwolken hingen über den Köpfen. „Also", sagte eine der Fachredakteurinnen, „es sollte doch jemand ausgezeichnet werden, die oder der den richtigen Riecher für Mode, für Berlin und für die kommenden Tendenzen hat."

Das Stichwort war gefallen, der „richtige Riecher" war es, der gebraucht wurde. Die „Goldene Nase" wurde zum Emblem, mit dem von nun an anläßlich von offiziellen Modetagen besondere Leistungen für die Modestadt Berlin geehrt wurden. Der Goldschmied Heinz Straßenburg entwarf das markante Profil einer Nase, das (mich) an Zwerg Nase erinnert, und dieses edle Organ aus purem Golde tragen mittlerweile bei modischen Anlässen zwanzig Damen und Herren am Revers.

Die erste dieser Nasen wurde an Sandra Stieber verliehen, einer zarten, blonden Designerin Mitte der Zwanzig. Mit ihrer ebenso einfallsreichen, modisch pfiffigen wie gut verkäuflichen Kollektion „Création Mademoiselle" fand sie den einhelligen Beifall der Modepresse, die meist verschiedener Meinung ist. Sandra Stieber und die Kollektion CM gehörten zur Firma von Gerhard Pabst, einem der potenten Konfektionäre in Berlin, der mit Zähigkeit und der richtigen Hand für gute Designer den Ruf der Berliner Konfektion festigen half. Eines Tages stellte sich die erste Goldene Nase Sandra Stieber als Sandra Pabst vor, ein hübsches kleines Konfektions- und Modemärchen.

Im Laufe der Jahre haben Designer, Couturiers und Geschäfte, die mit ihrem Angebot das Schaufenster Berlin mit eleganten Pointen versehen haben, die Goldene Nase erhalten. Als Alternative zum Entwurf und Verkauf wurden auch andere, eher „Dienstleistungsverdienste" ausgezeichnet. Der internationale damals in Berlin arbeitende Journalist und Moderator von exquisiten Modedarbietungen Michael Meyring, der Organisator der Off Line, Georg Dübbert, die Dozenten für Modedesign Ellen Joedecke und Wolfang Paatz zum Beispiel wurden „Goldene Nasen".

Die Wahl war für die Jury jedesmal harte Arbeit, denn viele Mitarbeiter am großen, immer wieder neuen Projekt Mode in Berlin verdienen eine Auszeichnung. Schwer sich auf einen „richtigen Riecher" zu einigen.

Neue Strukturen im Gewebe

Das einzig Beständige ist der Wandel. Wem sollte dieses klassische Wortgewand besser passen als der Mode, es ist gleichsam Gesetz ihrer Existenz. Aber auch die Strukturen ihrer Entstehung und Vermarktung sind diesem Gesetz unterworfen, das war und ist nicht zuletzt auf dem Berliner Kleidermarkt zu beobachten. Die elitäre Eleganz der Modellhäuser im Konfektionsgewerbe war dahin. Auch aus dem Unterbau der Hierarchie hatten so manche Betriebe aufgegeben, aus Altersgründen oder weil sie mit dem Wandel der Geschäftswelt im Computerzeitalter nicht zurande kamen. Es wurde rationalisiert, die DOB „schrumpfte sich gesund", wie es hoffnungsfroh ausgedrückt wurde.
Aber keine Sorge, das schmälerte die produktive Kraft und den Einfallsreichtum in der Stadt keineswegs. Neben immer noch vielen kleineren, soliden Herstellern von modischer oder auch einfach nur guter Bekleidung stellten sich im Management erfahrene und ehrgeizige Firmen auf absolute Industrialisierung, auf Bandherstellung um, sie arbeiten heute mit allen Raffinessen und Hilfsmitteln des Computers und setzten auf diese Weise im In- und Ausland viele Millionen um. Für manche war der Brocken zu groß, sie verschluckten sich daran, aber andere sind feste Größen in der Mathematik der Berliner Konfektion geblieben. Um nur als Beispiel ein paar Namen zu nennen, die von Walter Girgner, Herbert Clasen, Frank Henke haben eine bedeutende Rolle in den Berliner Linienspielen inne. Konfektionshäuser wie diese sorgten und sorgen für den Umsatz dieses Industriezweiges.

*

In den siebziger Jahren begann eine Entwicklung, die in den Achtzigern wuchs und wucherte und die Strukturen im Muster der Mode veränderte. Neben den großen, marktbeherrschenden Firmen ergriff der Nachwuchs seine Chance. Modeschulen entließen Schwärme von Studentinnen und Studenten, die in drei- und mehrjähriger Ausbildung die Kunst und das Handwerk der Mode gelernt hatten. Aus der Praxis des Schneiderhandwerks erwuchsen kreative Talente –, viele von ihnen versuchten mit Enthusiasmus, eigene Kollektionen zu machen, ihren Traum von der Mode zu verwirklichen. „Designermode" hieß ein neues Schlagwort. Diese jungen Kreativen konnten nicht wie die Ver-

Jeannette Dorganic
off line

Beate Bonk
avant garde

antwortlichen aus den Musterateliers der großen Konfektionshäuser „nach Paris gehen", um sich über die neuesten Tendenzen zu informieren. Sie hatten ihre eigene Vorstellung von Mode, von dem, was sie und ihre Generation gern tragen würden. Im Laufe von wenigen Jahren war über eine Reihe von kleinen und winzigen Unternehmen zu berichten, die ihr Glück versuchten. Viele waren Eintagsfliegen, die vom harten Geschäft mit der Mode keine rechte Vorstellung gehabt hatten, deren Ideen oft auch zu versponnen waren oder zu alternativ, als daß sie zu mehr als zur Selbststilisierung geführt hätten.

Aus diesem Potential kristallisierten sich schließlich zwei Gruppen heraus, die sich jeweils zusammenfanden, um ihr modisches Weltbild und die Früchte ihres Fleißes zu vermarkten. Zum einen war es eine Handvoll kleiner Unternehmen von Designern, die solide arbeiteten und ihr Handwerk verstanden, auch gewisse Vorstellungen davon hatten, was auf dem großen Markt der Mode verkauft werden kann. Diese Gruppe bildete den Klub der Avantgarde Berlin, kurz KAB genannt. Sie arbeitete getrennt und „marschierte" gemeinsam, wenn es um Ausstellungen auf Messen und um Trendschauen ging, um Werbung und Öffentlichkeitsarbeit. Avantgarde nannte sich dieses Trüppchen, weil es sich von den gestandenen Konfektionsfirmen unterscheiden wollte und zum Teil auch wirklich beträchtlich unterschied. Auch die KAB-Leute wollten verkaufen, wollten ihren Platz an der Sonne erobern, aber ihre Kalkulation ging nicht so weit, daß sie auf Fantasie, auf amüsante oder auch herausfordernde Einfälle verzichteten. Da waren Namen, die genannt oder wieder vergessen wurden, reizvolle bunte Schmetterlinge ohne lange Lebensdauer und vielversprechende Neulinge, die mit Ehrgeiz und Fleiß ihre modische Position aufbauten.

Zur KAB-Gruppe gehörte zum Beispiel, um nur einige Namen zu nennen, Brigitte Haarke, die tizianrote Urfrau mit herzhaftem Lachen und tausend Einfällen, wie eine gleich ihr mit ausladender Lebensfreude begabte Frau anzuziehen sei, und zwar mit großzügigem Chic. Sie entwarf also zunächst Modelle für große Größen, hatte Erfolg und ging dann auch zu den eher mageren Schwestern über. Auch Claudia Skoda, eine exclusive und überaus aparte Strickerin, half beim Aufbau der KAB-Idee, zog sich aber bald wieder in ihre esoterische Fabriketage zur ganz

Links: Die aufmüpfige Offline mit ihren unorthodoxen, amüsanten bis verrückten Einfällen, mit Nachwuchs, der mit der Mode Pingpong zu spielen schien, sorgte für Aufsehen, Spaß und Mißfallen. Und das tun ihre Nachfolger auch heute noch.

Rechts: Mit neuen Strukturen im Gewebe machten ernsthafte junge Designer von sich reden. Jung, lässig und chic wie dieses Ensemble aus Strickstoffen und Pelzplüsch von Filato waren die Kollektionen der KAB-Gruppe.

individuellen Meditation über Maschen, Muster und Mode zurück. Sie schaffte es, eine ihrer Stricknadeln in New York aufzuspießen, so daß man auch dort „Claudia Skoda" kaufen konnte. Barbara Dietrich, eine Schweizerin in Berlin, streifte die Avantgarde allmählich ab und wurde zu einer Adresse für gediegene, teure Handarbeit nach Maß, diese Berlinerin aus der Schweiz hat in aller Stille ihre Position auf dem Modemarkt verteidigt.
Es waren noch andere in dieser Gruppe, die, wenn sie denn gemeinsam mit ihren Schöpfungen auftraten, für Pfeffer und Salz oder auch Zucker im großen Menü der Mode sorgten. Irgendwann aber löste sich der Klub der Avantgarde Berlin wieder auf, wurde zu einem Wimpernschlag in der langen Modegeschichte der Stadt.
Weit spektakulärer verlief der Aufstieg der anderen Gruppe, mit der junge Modefreaks ihren Protest anmeldeten und zu neuen Ufern aufzubrechen trachteten. Die Offline. Im Jahre 1983 als Antichic mit siebzehn Kleinstunternehmen gegründet, wuchs sie im Laufe weniger Jahre zur Gegenmesse zur Durchreise heran. Sie schaffte es, daß sie mehrere Jahre hindurch in zwei Messehallen am Funkturm mit mehr als hundertfünfzig Ständen Mode „der jungen Art" anbot. Die Offline war in der ersten Zeit ihrer Existenz ein höchst amüsantes Theater mit freier unkonventioneller Dramaturgie. Hier konnte sich jedes wirkliche oder vermeintliche Talent austoben. Es gab kaum etwas Ausgeflipptes, Verrücktes, Fantastisches, aber auch bemitleidenswert Hilfloses und dann wieder Begabtes und neugierig Machendes, was hier nicht in psychedelisch buntem Durcheinander zu sehen gewesen wäre. Die Öffentlichkeit hatte, anders als bei regulären Verkaufsmessen der Bekleidungsindustrie, Zutritt, konnte teilnehmen an dem Offline-Spektakulum, das frischen, aufmüpfigen, farbenfrohen oder auch in düsterem Schwarz, der „unsterblichen Modefarbe", protestierenden Wind in die Landschaft der traditionellen Konfektion blies.

Pelzplüsch

Strickstoff

Der Beginn und die ersten Jahre dieser Antilinie wurden von ernsthaften Modeleuten mit Mißtrauen, ja sogar mit Empörung abgetan: Dieses dilettantische, sozusagen rotznäsige Unternehmen wagte es, sich Mode zu nennen! Derlei Fetzen und Karikaturen der Mode könnten den Ruf Berlins als Stadt der Mode doch nur schädigen. Und absolut unmöglich sei es, daß so etwas von manchen Berichterstatterinnen auch noch hochgelobt werde. Ja, die Offline wurde mit positiven Kritiken versehen, und zwar des aufmüpfigen frischen Windes wegen, der unter Umständen einigen Staub von alten Spiegeln blasen konnte. Im übrigen fand die Offline ein hallendes Echo auch in Nachbarländern. Aus Italien, Österreich, ja sogar Großbritannien kamen gleichgesinnte junge Modemacher nach Berlin zu dieser Messe, um ihre Kreationen zu zeigen und um sich inspirieren zu lassen.

Doch es kam, wie es denn immer kommt: Die Offline verlor ihren eigenwilligen, frischen und widerspenstigen Charme. Im Grunde eine logische Entwicklung, denn die jungen Modeenthusiasten, deren Forum diese Messe war, wurden sachte älter, sie machten Erfahrungen, lernten dazu, merkten, daß die puren l'art pour l'art-Modelle keine Grundlage für ein reelles Geschäft mit der Mode sein konnten und paßten sich entweder einer „tragbaren" Art an oder gaben auf und zogen weiter auf ein neues Spielfeld.

Aber dennoch blieb die Offline am Leben. Im Mai 1990 berichtete Monika Rudolf, die Berliner Korrespondentin der in Frankfurt erscheinenden TEXTIL-WIRTSCHAFT, unter der Überschrift „Kostüm-Wechsel in Berlin Mitte": *Alles war etwas kleiner, alles war etwas feiner! Und überdurchschnittlicher war es auch: Die 15. Berliner Offline hat in mehrfacher Hinsicht einen Kostümwechsel vollzogen. Sie verließ den Messeplatz und zog um ins Kulturhaus. Das tat sie auch „on tour" in Frankfurt und Hamburg. Weniger Kommerz – mehr Kulturveranstaltung lautet der neue Trend. In Berlin fand die Offline im Haus der sowjetischen Wissenschaft und Kultur statt. Fünf Tage lang zeigten im modernen Ostberliner Marmorpalast in der Friedrichstraße rund 60 Designer aus Ost und West an fünfzig Ständen ein vielfarbiges Modespektrum von künstlerisch bis kurios. Über einer monumentalen Leninstatue im Foyer schwebten von klassischer Musik und Nebelschwaden umhüllt die fantasiereichen Löcherkleider*

Tommy Fashion

Anna Lisa Couture

Chapeau Claque

Roger Gurr

Zapa, Positiv Mode

Katja Dathes vom Prenzlauer Berg oder Ökotrend pur, fragile tropfnasse Gewänder aus Brunnenkresse von Svinda Reichelt aus Halle. Manches durchaus Verkäufliche war auch darunter, wie filigrane Strickgespinste oder Seidenensembles. Manches war einfach nur Modetheater oder witzig-skurril ... die Offline-Macher sehen sich in ihrem neuen Konzept „die Mode zu kultivieren" und in allen ihren west-östlichen Facetten als ein fröhliches Kulturspektakel vorzustellen bestätigt, sie wollen endgültig weg vom alternativen Klamottenmarkt-Image. (Aber dennoch, die Offline mußte schließlich aufgeben.)

Das Datum dieses Berichts, der Mai 1990, läßt erkennen, was mittlerweile geschehen war. Der Ort der letzten Offline konnte nicht deutlicher machen, welchen Lauf die Geschichte genommen hatte. Als wäre es denn gar nichts besonderes, fanden am Beginn des Jahres 1990 Veranstaltungen der Mode in der Ur-City von Berlin statt. Vor dem Pergamon-Altar auf der Museumsinsel, in der Komischen Oper, im Kronprinzenpalais wurde Mode zelebriert, und zwar Mode aus allen Teilen der Stadt. Wiederum neue Strukturen im Gewebe kündigten sich an.

HOT COUTURE nannte sich ein Symposium mit internationalen jungen Modeleuten in der Kongreßhalle in Berlin 1989. Es wurde Mode vom Skizzenblatt bis zum vorgeführten Modell erarbeitet, und zwar unter der Regie von Susanne Schultz, der Leiterin der MODE am Lette-Haus, ein exemplarisches Programm lief mit vollem Erfolg ab (rechts).

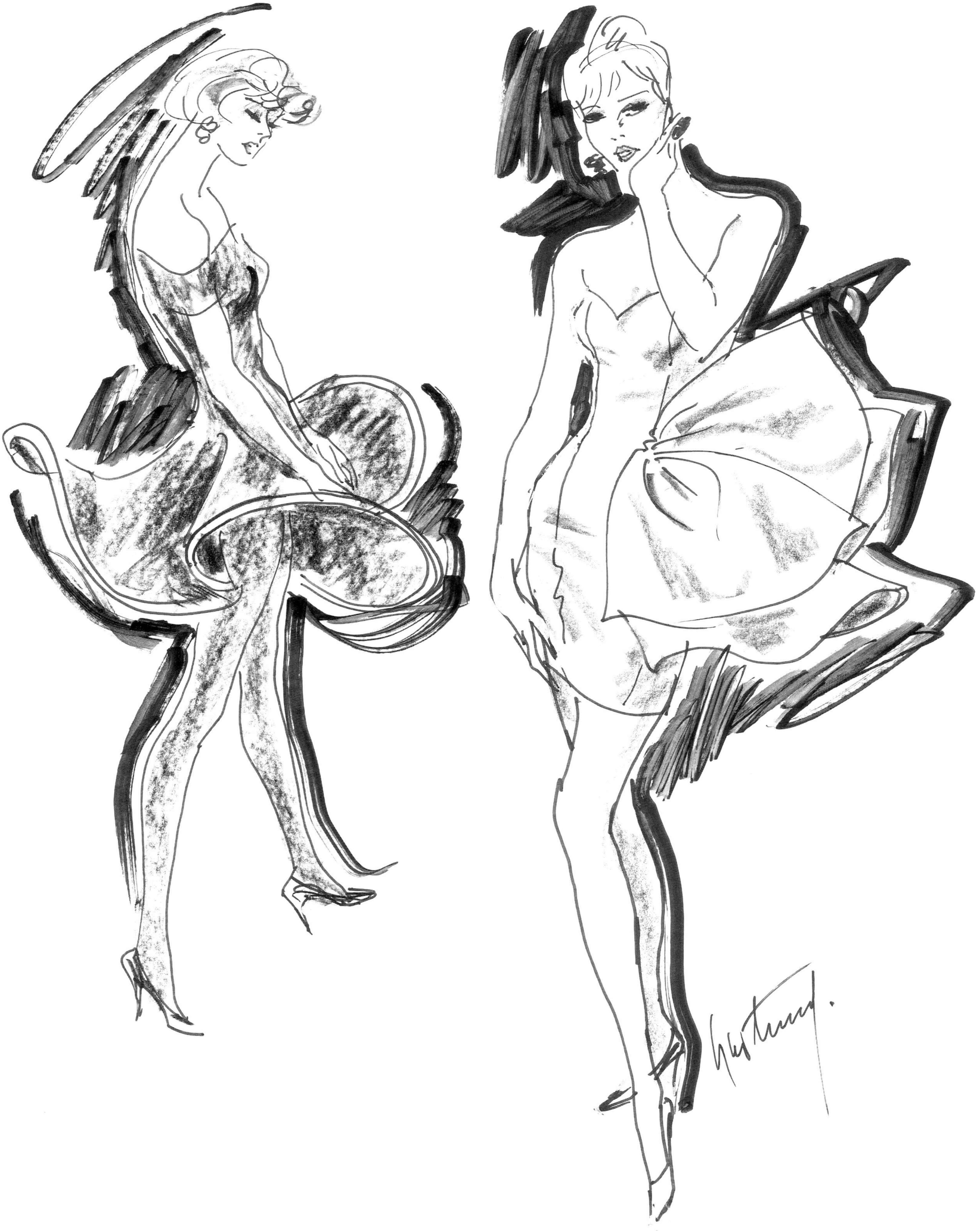

Dame, Dandy, Discolook

Seit die Mode ihren orthodoxen „Man-trägt-Weg" verlassen und sich auf einen großen runden Platz gestellt hat, von dem viele einzelne Pfade abzweigen und kreuz und quer durch die textilen Lande führen, sind ihre Inszenierungen wesentlich spannender und unterhaltsamer geworden. Wenn man es genau betrachtet, hat das modische Diktat, wie es über Jahrhunderte geherrscht hat, der Frau unziemliche Gewalt angetan. Nur zu oft gingen Geschmack und Persönlichkeit unter dem, was Mode war, verloren. Aber nun – Sieg, Sieg! Mode ist frei! (das hoffen wir jedenfalls).

Beim Durchblättern der letzten zwei Jahrzehnte tut sich dem Blick eine wunderbare Vielfalt der Möglichkeiten auf, die in Mode umgesetzt worden ist, die Freiheit des Modemachers, seine Vorstellungen von Eleganz, von Chic, von junger zeitgemäßer, von eigenwilliger, damenhafter, reiselustiger, flippflappiger Mode zu verwirklichen. Berlin war und ist ein fruchtbarer Boden für das neue Prinzip der Mode. Hier versammelten und versammeln sich wieder einmal – erinnert sei an die zwanziger Jahre – die Geister, die neugierig sind, die experimentieren, opponieren, die schöpferisch arbeiten wollen, die Anregungen suchen, die ihr Weltbild um eine Erfahrung bereichern wollen. Berlin in den Neunzigern, diese Erfahrung ist einer der Merkpunkte des ausgehenden zwanzigsten Jahrhunderts.

Auch die Mode hatte Teil an der Vorbereitung des „neuen" großen Berlins – was weder die Stadt noch die Mode sich hätten träumen lassen –, indem sie mit all ihren Ideen, ihrer Kreativität, ihrem Fleiß und Enthusiasmus dazu beitrug, das Leben auf der Insel nicht eintrocknen zu lassen, sondern immer wieder auf den Punkt zu bringen.

Wer in Berlin Mode machte, durfte sicher sein, Aufmerksamkeit zu erlangen, sofern es sich um Dinge handelte, die in ihrer jeweiligen Art gut entworfen und schlüssig waren. Ob Dame, Dandy oder Discolook, ob von salopper Übergröße, neudeutsch „oversized" genannt, oder in Reiterallüre, ob im stilisierten Aschenputtel-Look oder künstlerisch lasziv und herausfordernd – das Tableau umfaßte im Laufe der Jahre alle Spielarten von Bekleidung.

Ein Name wie Reimer Claussen leuchtete auf. Ein junger „Shootingstar", aus der Konfektions-Claussenfamilie übrigens, mit sensiblem Gefühl für Proportionen, für wunderbare Stoffe,

Rechts: Aus Seide und Baumwolle schuf das Duo „Soie et cotton" Extravagantes mit unorthodoxer Fantasie. André Rival brachte eine dieser Schöpfungen ins kunstvolle Bild.

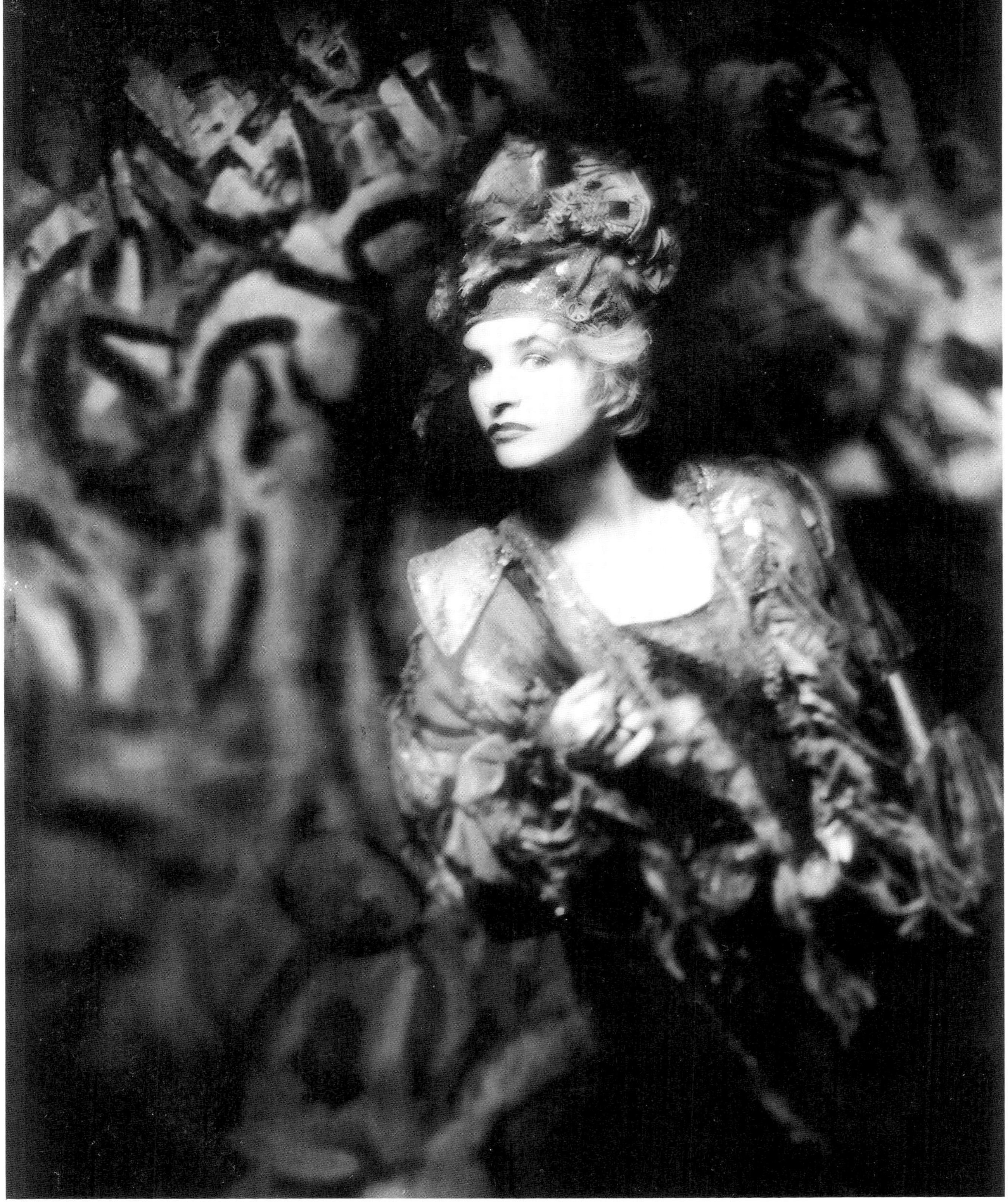

die man immer hätte streicheln mögen, für delikate Farbbilder. Seine Kollektionen anzuschauen, eine Mischung aus Dame und Dandy mit heutigem Selbstbewußtsein, das war eine ästhetische Freude. Sie war sehr exclusiv, diese Kollektion Reimer Claussen, sie muß es schwer gehabt haben, die pekuniäre Balance zu halten. Jedenfalls verließ Reimer Claussen, zur Enttäuschung vieler Bewunderer seines Könnens, Berlin. Ähnliches ist von Jürgen Felser zu sagen. Unter seiner Federführung entstanden über Jahre hin stilsichere Kollektionen mit viel Sensibilität und modischem Charme. Diese Pinselstriche fehlen im großen Bild.

Das pure absolute Gegenstück zu solchen Kollektionen war zum Beispiel das Opus eines schöpferischen Duos, das sich „soie et cotton" nannte. Unweit vom Schlesischen Tor, an der damaligen Nahtstelle der beiden Berliner Stadthälften hatten zwei Mädchen ihre Zauberwerkstatt, in der sie ihre Vorstellung von Mode ins Greifbare umsetzten. Aus Restbeständen und getrödelten Stoffen, aus Fell- und Lederstückchen und eingefärbter Fallschirmseide, aus Flitterkram und Enthusiasmus bauten sie Kleider, Jacken und Mäntel zusammen, die in ihrem kunstvoll alternativen Auftritt an eine mutwillige Mischung von Shakespeare und Reißwolf erinnerten. Witzige, ganz und gar aus dem Rahmen fallende Modelle, die, so exclusiv wie teuer, ihre Liebhaberinnen fanden. Sie wurden in Berlin von Helga Rival angeboten, die für ihr amüsantes, modemutiges Designerprogramm in ihrem Modegeschäft in der City bekannt ist. Und dafür, daß sie experimentierenden Modenachwuchs fördert. „Soie et cotton" – diese Gemeinschaft hatte jedoch auch kein langes Leben, neue Experimente lösten sie ab.

Die Konsumentinnen der Mode hatten nun endlich die Freiheit, sich anzuziehen, wie es ihnen paßte. Die Länge des Rockes, zu den ersten Minizeiten noch eine Frage des (modischen) Sein oder Nichtsein, spielte keine Rolle mehr. Die Beine waren der Maßstab und die Modemacher mitlerweile so unterschiedlicher Auffassung, daß sie alle recht hatten. Mini, Midi, Maxi, Wadenlänge, Knie umspielende Kürze – wenn das Modell in seinen Proportionen stimmte, war es Mode. Es gab die Zeit der wunderbaren, bequemen Schlabberkleider, der Reise- und Kofferkleider aus Seide, der „großen" Pullover. Wer sie mit Grazie und Selbstbewußtsein trug, war gut angezogen. Der Hosenanzug wurde chic. Hose eng, Hose weit, Hose wie eine Karotte

Oben: Die Neo-Klassik von Reimer Claussen, großzügig und lässig, setzte anspruchsvolle Zeichen auf das Berliner Modetableau.
Rechts oben: Bei Rival, der immer interessanten City-Boutique, skizzierte Hartung „Kleine Abendkleider".

zugeschnitten, Hose – wieder einmal – à la Marlene. Hose wie zu Mozarts Zeiten, Torerorhose, Radlerhose und das Beinkleid des unvergessenen Clowns Grock. Dazu Jacken mit und ohne Taille, Jacken jeder Länge und Weite – kurz, lang, weit, eng, kurz. Die Morsezeichen der Mode tickerten ein Riesenprogramm um die Welt. Berlin war einer der Umschlagplätze dieser Zeichen. Und wird es weiterhin mit großem Elan sein. „Kurz, kurz, kurz" tickern die Morsezeichen im Frühjahr 1991, aber die Berlinerin hat gelernt, daß die Mode kein Diktator mehr ist, wenn „kurz" nicht oder nicht mehr ihre Linie ist, trägt sie länger oder lang – Mode ist auch das.
Und Mode ist auch der neue Typ der jungen und wie es heute denn so anschaulich heißt, der „dynamischen" vom Sport inspirierten Linie. Sportiv wurden schon vor Jahrzehnten bestimmte klassische Modelle genannt, womit ausgedrückt werden sollte, daß ihre Eleganz reisefähig und beweglich sei. Aber dieser Begriff hat wenig oder nichts mit der neuen Entwicklung zu tun. Ausgelöst wurde sie von der weltweiten Bedeutung des Sports, der per Fernsehen zum Massenkonsum für die Augen geworden ist. Stars vom Tennnisicourt, vom Golfplatz und auf der Radrennbahn, auf der Skipiste und beim Surfen haben Mode gemacht. Radlerhosen sind – seit 1990 – neuester Sommerchic, Tennisröckchen werden ins Entwurfsatelier transferiert, Parka, Dufflecoat, Blouson, früher praktisch wärmende Hüllen in schneesicheren Gebieten, haben ihre Neigung zum abendlichen Ausgehen entdeckt, sie treten in Seide, Brokat und feinstem Leder auf, bestickt mit Pailletten und schimmernden Steinen. Die Farben edler Pullover und Jacken sind die gleichen wie die Overalls und Anoraks für den Wintersport, die beredten witzigen Muster von T-Shirts und Hemden lassen sich ebenso auf einem superteuren Cashmerekleid sehen. Die Mode ist bereit, Inspirationen von allen Aktivitäten des Alltags aufzufangen und sie in sich selbst zu verwandeln, nämlich in „Mode".

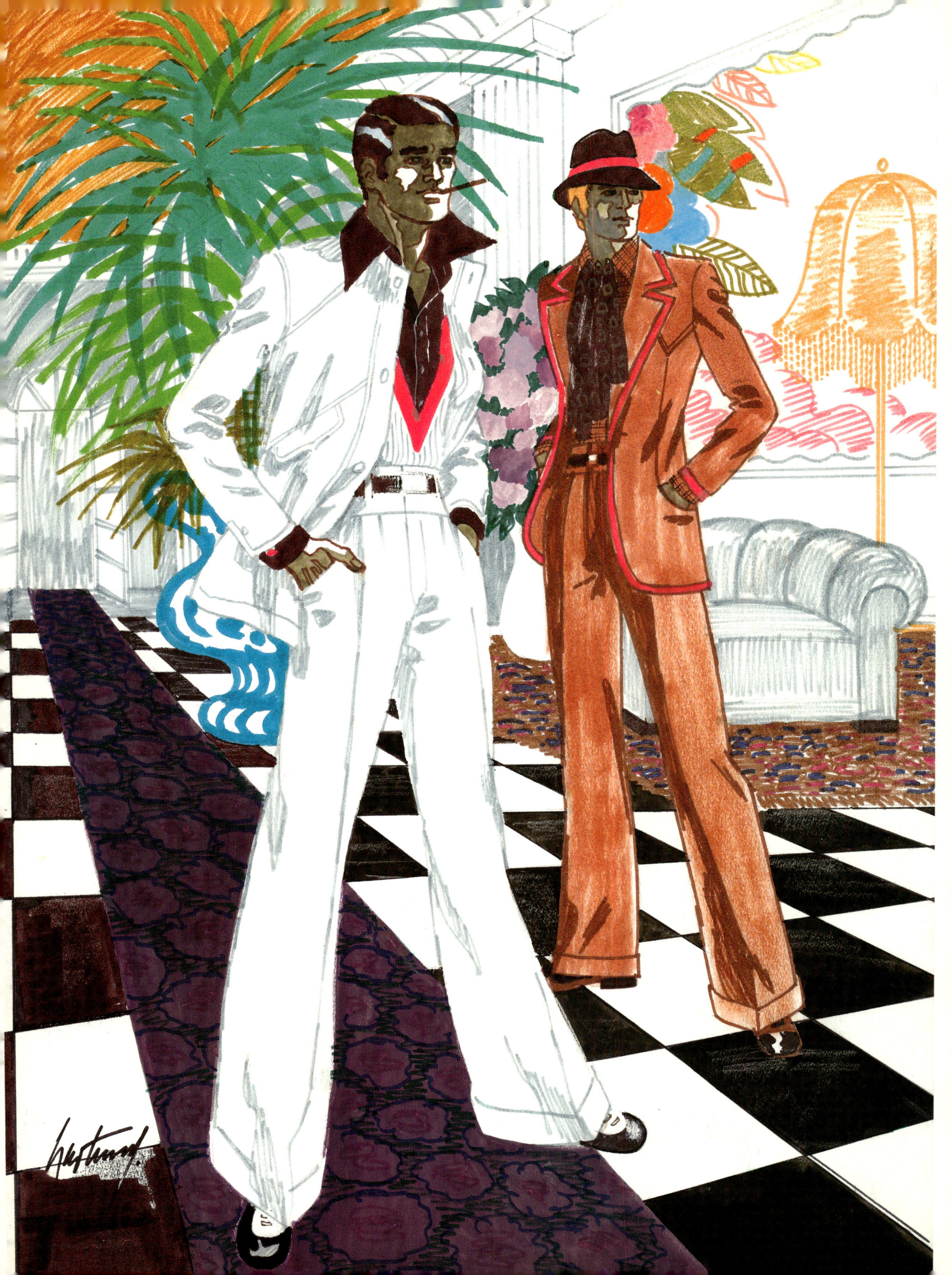

Und was trägt eigentlich der Mann?

Niemand soll denken, daß Berlin, das Berlin der Mode, nur das Bild der Frau vor Augen hat, sich lediglich um Damenmode und all das kümmert, was an Accessoires und reizvollem Schnickschnack dazugehört. Oh nein. Der Mann hatte schon immer und hat auch heute seine besonderen Quellen, aus denen er Anregungen und die modischen Zutaten für sein artgerechtes Auftreten schöpfen kann. Als Industriestandort für Herrenmode allerdings hat Berlin nie großen Ehrgeiz entwickelt. Es gab wohl die eine und andere Firma, die sich auf Herrenkonfektion spezialisiert hatten, aber sie gaben das Rennen im Laufe der Zeit wieder auf. Maßateliers sorgten für die gute Figur des Mannes, soweit er darauf Wert legte und es sich leisten konnte, im übrigen gab es in früheren Zeiten und gibt es heute Adressen, die man – Mann – kennen muß, wenn er sich vom Banker über den Yuppie bis zum lässigen Weltenbummler oder protestierenden Zeitgeist à la mode mit Garderobe versorgen will.
Aber darüber, über die Quellen, die da heute sprudeln, soll der Fachmann berichten, der auch diesen Teil der Modestadt Berlin in allen ihren Facetten kennt. Bitte, Gerd Hartung:
Natürlich hat der Mann in Berlin jede Möglichkeit, sich seine Garderobe der Mode entsprechend, sowie im Hinblick auf Geschmack, Figur und Geldbeutel auszusuchen. Jüngere und ältere Herren vom Typ Manager oder diejenigen, deren Figur es erfordert, sind die Kunden von Maßschneidern, es gibt einige sehr gute Maßateliers, die in alter Handwerkstradition für excel-

Links: Nicht nur Damen, auch Herren wurden von Top-Designern angezogen. In den siebziger Jahren entwarf Östergaard diese Anzüge.
Oben: Momin, Jürgen Bauer, dachte sich diesen Herrenrock für den modebewußten Mann aus.

lenten Sitz sorgen. Ihre Arbeiten sind am gepflegten englischen Stoff zu erkennen. Früher ließ man die Stoffe jahrelang lagern – nicht ganz so lange, aber doch so etwa wie guten Wein – je älter er war, desto weniger knitterte der Stoff. Was heute à la mode ist, nämlich die neuesten italienischen Stoffe, findet man in den Maßateliers allerdings nicht oder nur selten. Wer modisch Neues sucht, sieht sich in den guten Geschäften für Herrenausstattung um, die internationale Herrenmode jeweils auf dem neuesten Stand anbieten. Modelle von Gianni Versace, Matsuda, Byblos, Gaultier, Domingues, um nur einige zu nennen, sieht man in den Schaufenstern von Harveys, Selbach, Klinke, Mientus. Im übrigen: daß Männer neuerdings aufgeschlossener für modische Kleidung sind, beweisen die zahlreichen Herrenboutiquen, die neben den offenbar unentbehrlichen Jeans auch modische Bekleidung zu erschwinglichen Preisen anbieten. Und schließlich: In Berlin haben sich in letzter Zeit mutige junge Designer der Männermode verschrieben. Kratzert und Pahnke, Thome Schulz, Rainer Hartkorn, der sich übrigens in den Kampf um eine Position in der Herrenkonfektion gestürzt hat, und andere zeigen mit ihren Kollektionen, daß hier für Berlin ein Feld zurückerobert werden kann.

Blick in die Zukunft? Der Pariser Gaulthier plädiert für eine superenge Linie. Schlank muß der Mann sein! Und sportlich! Rechte Seite und folgende: Lässigkeit der neunziger Jahre.

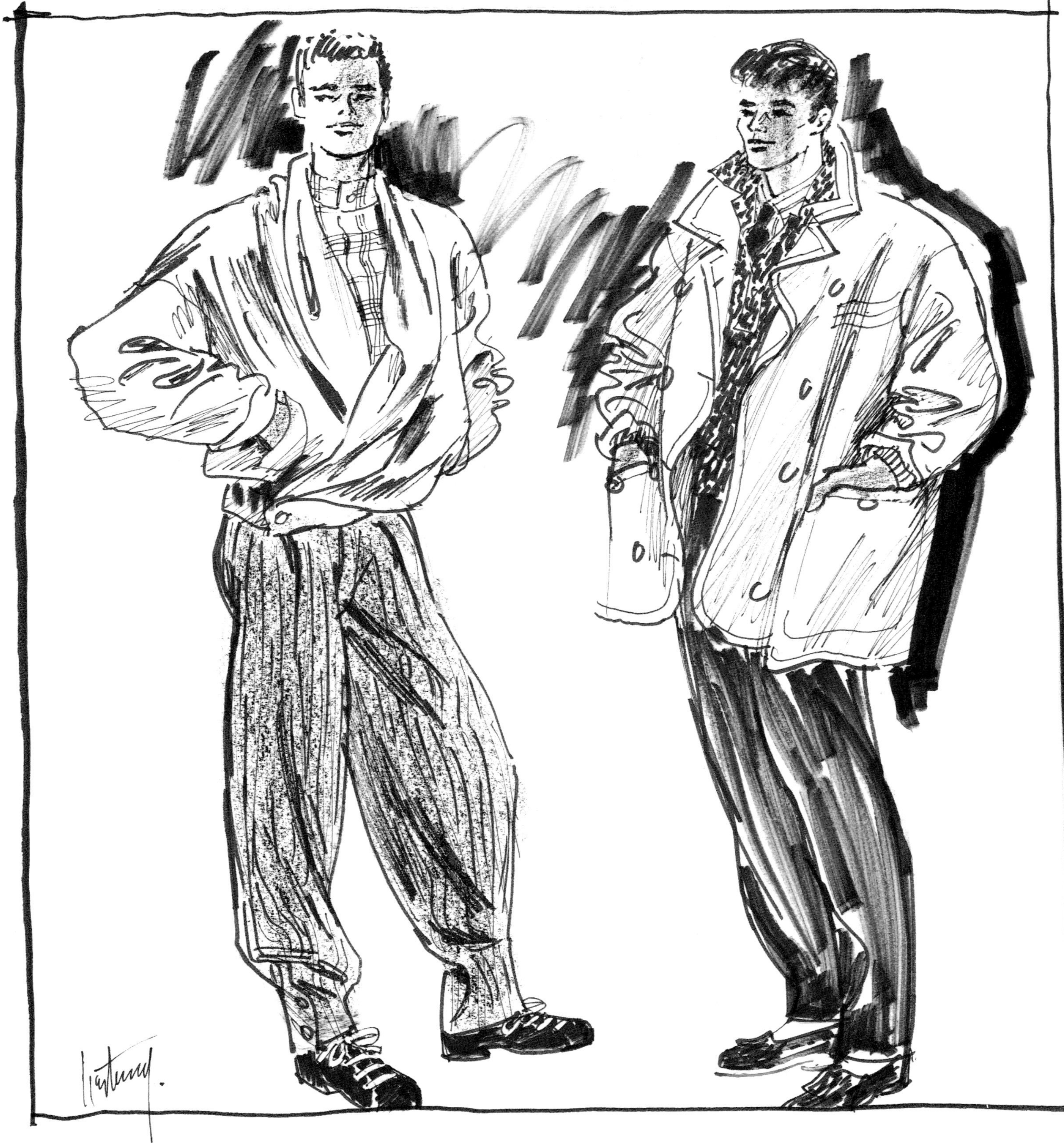

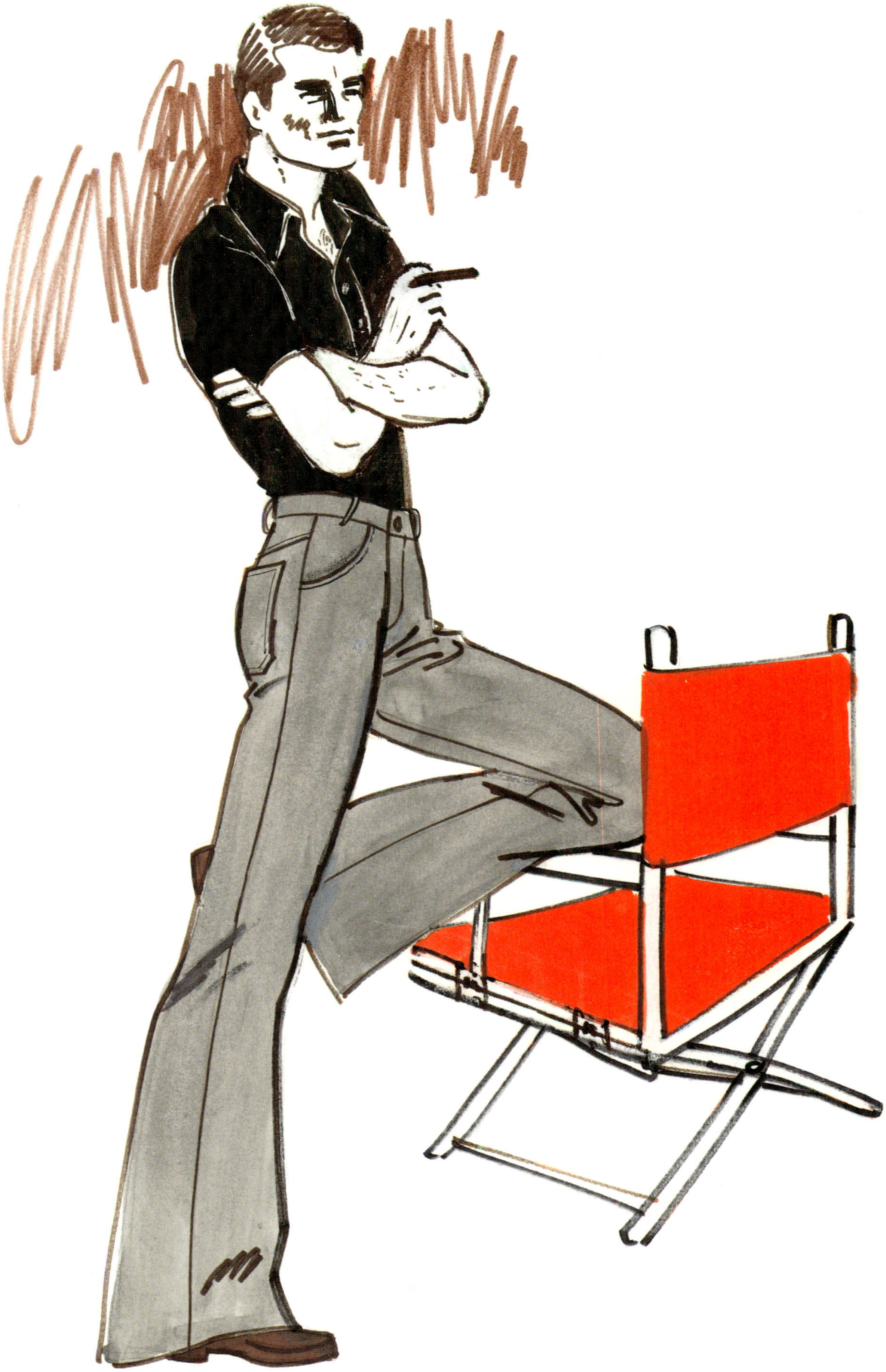

3

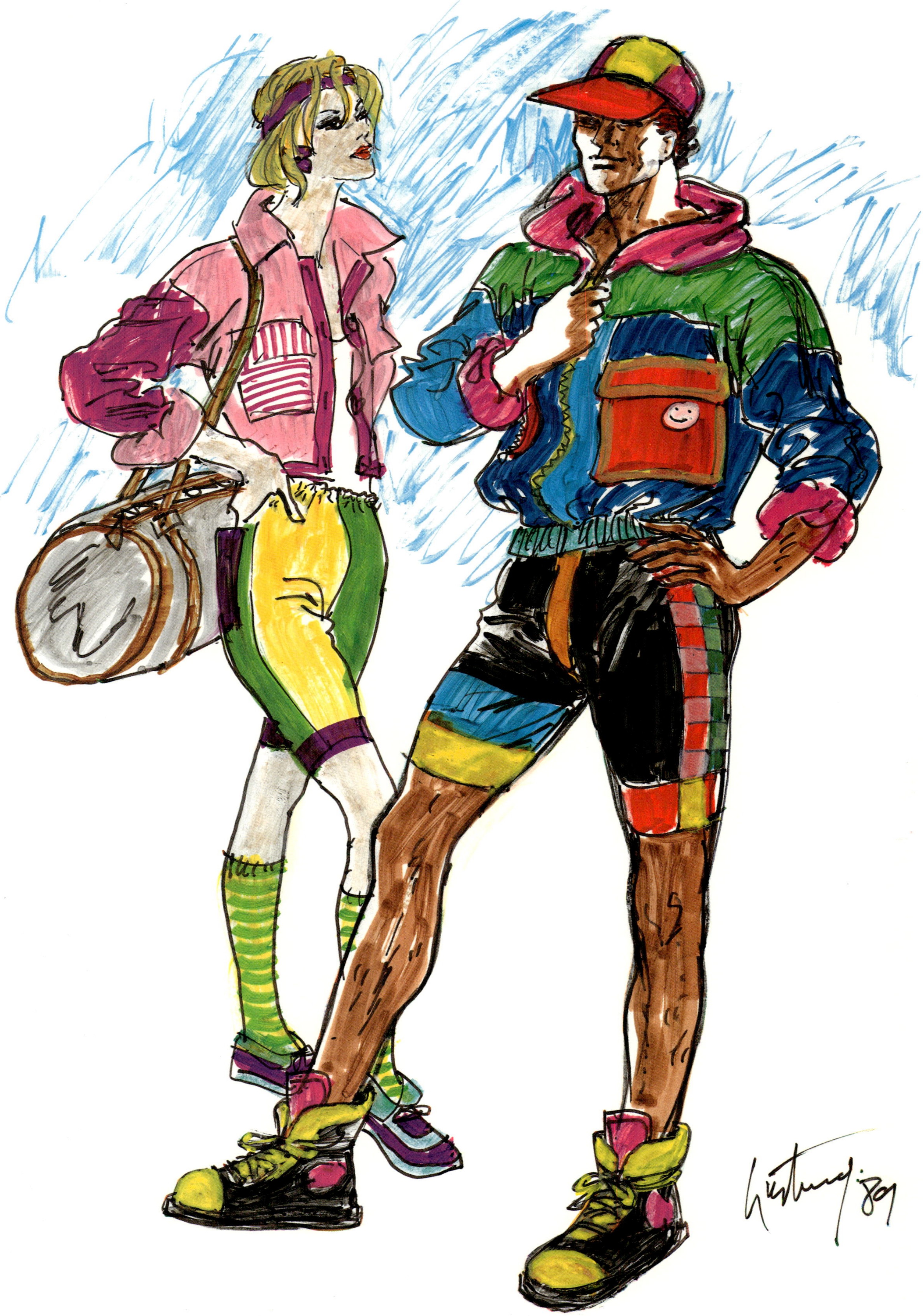

Perspektiven

Ein Ort der Inspiration, der Experimente, vor allem aber der mit zeitgemäßem Management arbeitenden Industrie, hatte Berlin doch immer noch seine Schwierigkeiten als Messe- und Umschlagplatz der Mode. Die Konfektion mußte nach wie vor mit ihren Kollektionen die westdeutschen Messeplätze aufsuchen, um zu verkaufen, nur ein kleines treues Trüppchen von Kunden kam nach Berlin, aber dieses Einkäuferpotential rechtfertigte nicht den Begriff „Modemesse", die Durchreise war nicht viel mehr als eine respektvolle Erinnerung. Also wurde nach neuen Ansätzen zur Reaktivierung des Modemarktes Berlin gesucht. Im Jahr 1982 wurde die „Berliner Mode-Messe-Gesellschaft" gegründet, die fortan für Öffentlichkeitsarbeit und Veranstaltungen zuständig sein sollte. Unter der Federführung eines aus Köln zugereisten Fachjournalisten, Kurt Geisler mit Namen, sollte sie dem Konfektionsstandort Berlin zu neuem Ansehen verhelfen, mit neuem Impetus auf die produktiven Ressourcen der Stadt aufmerksam machen. Mit Modemessen war Westdeutschland bestens versorgt, unter den obwaltenden Umständen war nicht zu erwarten, daß sich die alte gute Durchreise zu einem neuen Boom hochstilisieren ließe. Aber als Ideenbörse und DOB-Standort gab es eine bedeutende Kapazität, die es zu „vermarkten" galt.
Die Berliner Mode-Messe-Gesellschaft arrangierte einen bunten Reigen von Modetagen, Modefestivals, Modenschauen in der Stadt und andernorts, präsentierte ein Kompendium von Berliner Beispielen für neue Eleganz in ausländischen Kapitalen, erfand den Begriff der „Designerschau", mit der anspruchsvolle Modebilder aus Berlin und Westdeutschland vorgestellt wurden, eine Idee übrigens, die sofort kopiert wurde –, Berlin und seine Mode-Messe-Gesellschaft traten ihr Bestes, das Image der „Modestadt" aufzupolieren.
Die bemühten und einfallsreichen Aktivitäten liefen mit der Länge der Zeit jedoch Gefahr, an sich selbst zu ersticken. Sie wurden zur Routine ohne besondere Wirkung, und sie wären im Laufe der Zeit nicht mehr als ein weiterer Minuspunkt im Etat der Stadt gewesen, wenn nicht, ja, wenn nicht die Mauer gefallen wäre. Das Korsett war gesprengt, das auch die Mode und ihre Industrie eingezwängt, ihr den großen Atem fast abgeschnürt hatte. Die neuen Perspektiven wurden in ersten west-östlichen Schauen sichtbar. Es konnte von hüben und drüben berichtet

werden, frischer Wind fuhr durch Ateliers, Werkstätten und Köpfe. Denn auch im anderen, vierzig Jahre lang zugesperrten Teil von Stadt und Land hat es Talente, Kreativität und Ästheten mit dem Blick für Mode gegeben. Nur hatten sie kaum die Möglichkeit, ihre Begabung zu beweisen. Westlich dekadente Mode war von staatswegen unerwünscht (hatten wir das nicht schon einmal gehabt?), aber es ist anzunehmen, daß der Mangel an gutem Material der Hauptgrund für diese Zurückhaltung auf dem Territorium der Mode gewesen ist.

Doch jetzt, im Jahre 1990, durften sie, konnten sie die Linienspiele der ganzen Welt mitspielen. „Vierzig Jahre hab' ich aus Großmutters Gardinen Mode gemacht, jetzt will ich in Material schwelgen", sagte einer der ersten, die sich auf das Parkett der Designermode wagten, Thomas Greis, ein hoffnungsfroher Modemann, der noch jung genug ist, sich seine Kollektion nach, sagen wir internationalem Maßstab, zu erarbeiten. Da wird es für ihn und die anderen bisher von weltoffenen Möglichkeiten Ausgesperrten viel zu lernen, auszuprobieren, mit Geduld zu erfahren geben. In ersten gemeinsamen Schauen stellten sich Talente vor, das größte Berliner Kaufhaus mit um sich greifender Modeabteilung spielte Vorreiter und lud das Ostberliner Mode-Institut ein, seine Vorstellung von aktueller Mode zu zeigen, eine Vorstellung, die sich sehen lassen konnte und in ihrer vom Verkaufszwang noch unverstellten ideenreichen Leichtigkeit vergnüglich anzuschauen war.

Wie unter westlicher, so gibt es auch unter östlicher Sonne verschiedene Maße der modischen Dinge, verschiedene Auffassungen und Begabungen. Es zeigten sich im ersten Jahr der Freiheit wunderbar ausgeflippte, witzig theatralische Darbietungen, die eine Gruppe junger Designer, angeführt von Lukas Langhoff, dem jüngsten Sproß der Theaterfamilie Langhoff, sich ausgedacht hatten, Zeichen für die Freude am ausgelassenen Spiel mit den Elementen der Kleidung und ihrer Darstellung, Freude am Jungsein, am Wider-den-Stachel-löcken. Und es war gut aufgefaßte, gut übersetzte Mode zu sehen, in Linie und Farbe schöpferischem Impuls folgend. Manches davon läßt erwarten, daß frisches Blut durch die Adern der Mode fließen wird. Ein weiteres Kapitel des flatterhaften Teils des Berliner Lebens hat begonnen.

So sahen es auch die Berliner Mode-Messe-Gesellschaft und

Rechts: Vor den Stufen des Pergamonaltars, nun wieder zum ganzen Berlin gehörend, fand im Frühjahr 1990 die erste große Galaschau statt, mit der Mode aus beiden Teilen des ehemals geteilten Deutschlands gezeigt wurde. Foto von Rich Richter.

die Verantwortlichen des Gesamtvereins der Berliner DOB. Sie blickten sich schnell nach neuen Wegen um, wie der Modeplatz Berlin zu reaktivieren sei. Da sie seinerzeit, zu Zeiten der Blockade Berlins in den vierziger Jahren, Hilfe und gute Zusammenarbeit in Düsseldorf gefunden hatten, wo die Modemesse IGEDO die Belange der Berliner Bekleidungsindustrie vertreten hatte, wurde ein Konzept geboren, daß auch jetzt wieder auf dieser, übrigens geschäftlich rein privatunternehmerischen Basis beruht. Die Berliner Konfektion bat die IGEDO Internationale Modemesse Kronen KG, in Berlin eine neue Modemesse aufzubauen. Die MODABERLIN wurde als Europa-Modemesse geboren, und da die kompetente Kronen KG die IGEDO zur größten Modemesse der Welt hat auf- und ausbauen können, hofft Berlin, daß MODABERLIN, nicht zuletzt ausgerichtet auf das noch unbestellte große und eines Tages fruchtbare Feld der gesamten Ostmärkte, im Kronen-Management aufblühen werde. Hoffnungsvolle Signale sind bereits ausgesandt und aufgefangen worden.

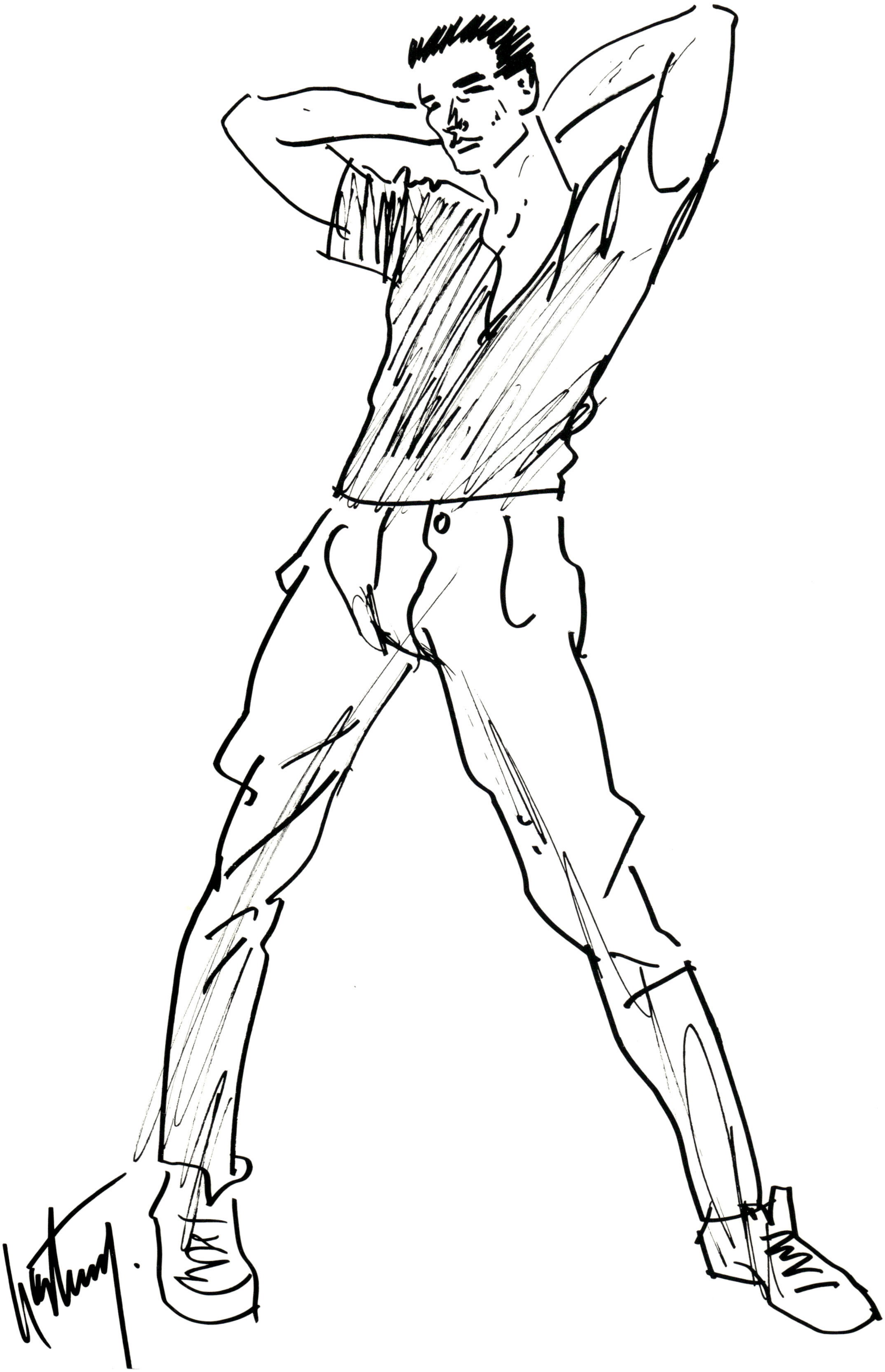

Die Lernenden und ihr Lehrer

Zur Mode in Berlin gehört schließlich auch dies: Der Nachwuchs drängt zu den Ausbildungsstätten, hat Neigung zum großen Gebiet der Mode entdeckt und möchte auf dem Wege des Studiums herausfinden, was damit anzufangen ist. Welche Chancen es gibt, Ideen, Vorstellungen vom trügerischen Schein der Mode oder sogar das Selbst zu verwirklichen? Erfahrene, Lehrende, Beratende helfen ihnen dabei. Einer von ihnen ist Gerd Hartung. Seit einem knappen Jahrzehnt ist er, Fazit eines modegraphischen Lebens, damit betraut, sein Wissen und die Summe seiner Beobachtungen an die Studierenden weiterzugeben. Mit einem Satz umreißt Hartung seine Aufgabe: „Ich wünsche mir Studenten, die wissen, was sie wollen oder was sie werden wollen, damit ich sie darin individuell beraten und so fördern kann, wie es für ihren Beruf (den gewünschten) voraussichtlich am günstigsten ist."
Wie war das, als er selbst ein Lernender war? Gibt es Vergleiche und Maßstäbe, mit denen oder an denen man die Ausbildung in den zwanziger Jahren mit dem Studium in den Neunzigern vergleichen oder messen kann? Berlin damals, Berlin heute. Die Reimann-Schule, das Institut, an dem in den zwanziger Jahren eine internationale Schar von Schülern in dem Fach Mode im weitesten Sinne ausgebildet wurde, bot frei und ohne Lehrplanzwang alle Stränge des theoretischen wie praktischen wie auch graphischen Umganges mit Kostümgeschichte und Mode an. Die Lernenden konnten sich von vornherein auf ein Gebiet spezialisieren, und es lag bei ihnen, ob die Ausbildung zum Erfolg führte oder nicht. Letzteres ist immer noch so, aber das Studium der Mode ist mit festem, breitgefächertem Lehrplan heute ein Art Stützkorsett für die Allgemeinbildung der Studierenden. Nichts, wogegen etwas einzuwenden wäre. Aber sind sie enthusiastisch, die Modeadepten der neunziger Jahre? „Nein", sagt Hartung, „sie sind lernwillig, aber enthusiastisch sind sie nicht. Und zwar, weil sie kein festumrissenes Ziel haben, kein Wunschbild, das sie motiviert und mit Enthusiasmus lernen ließe. Die wenigsten wissen beim Beginn der Ausbildung, was sie am Ende eigentlich sein und werden wollen. Ihre Vorstellungen von den einzelnen Berufszweigen der Mode sind verschwommen, und für welchen Zweig sie wirklich begabt sind, auch das bildet sich erst im Laufe der Lernjahre heraus."

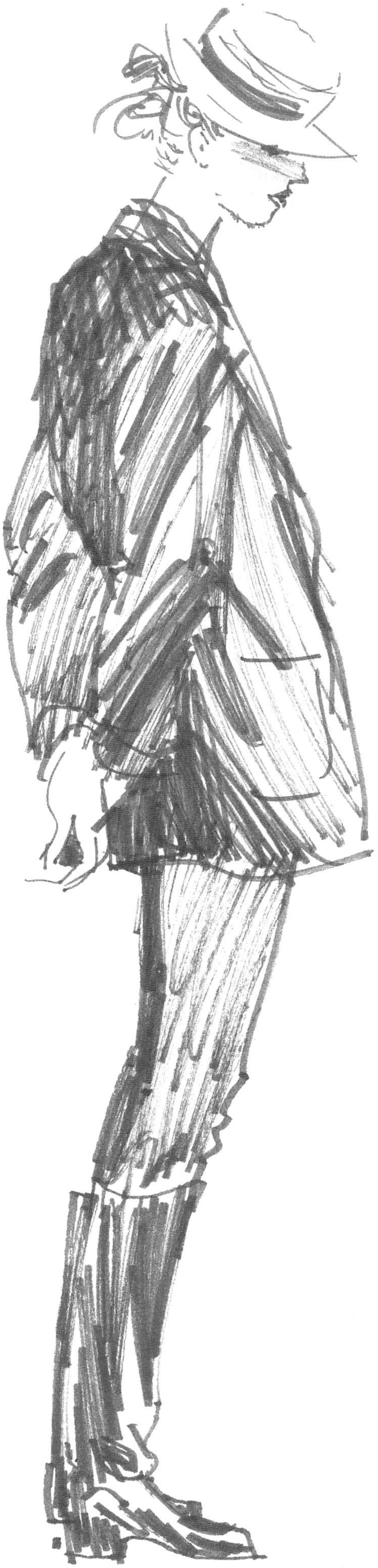
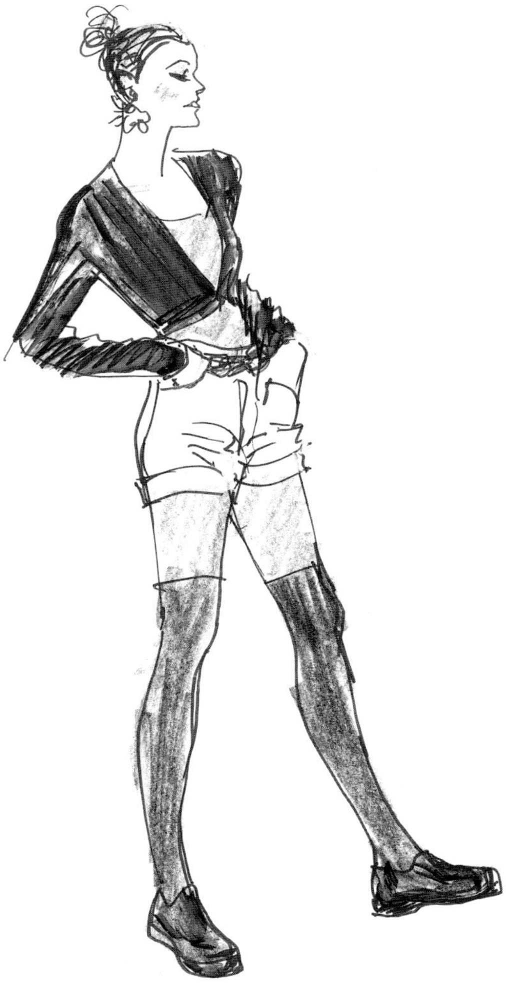
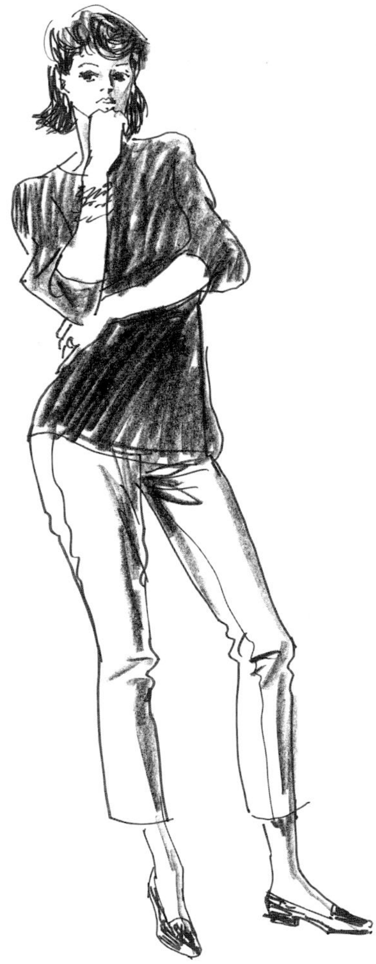

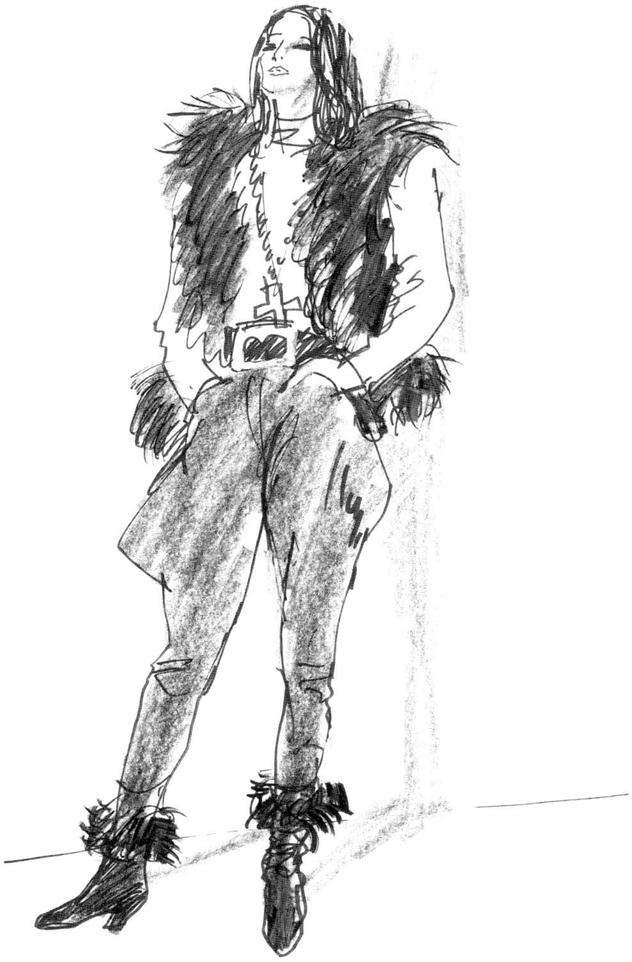

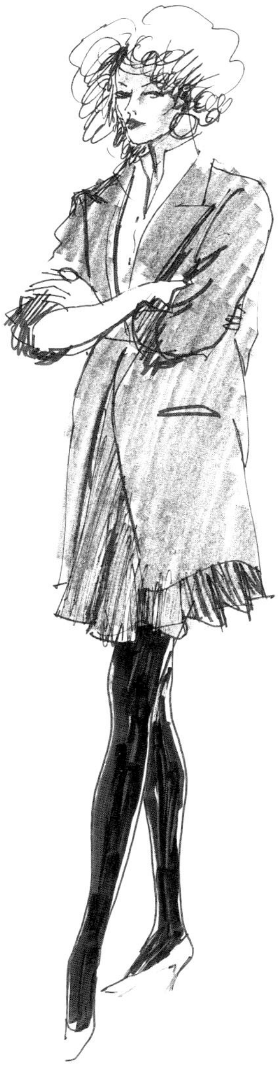

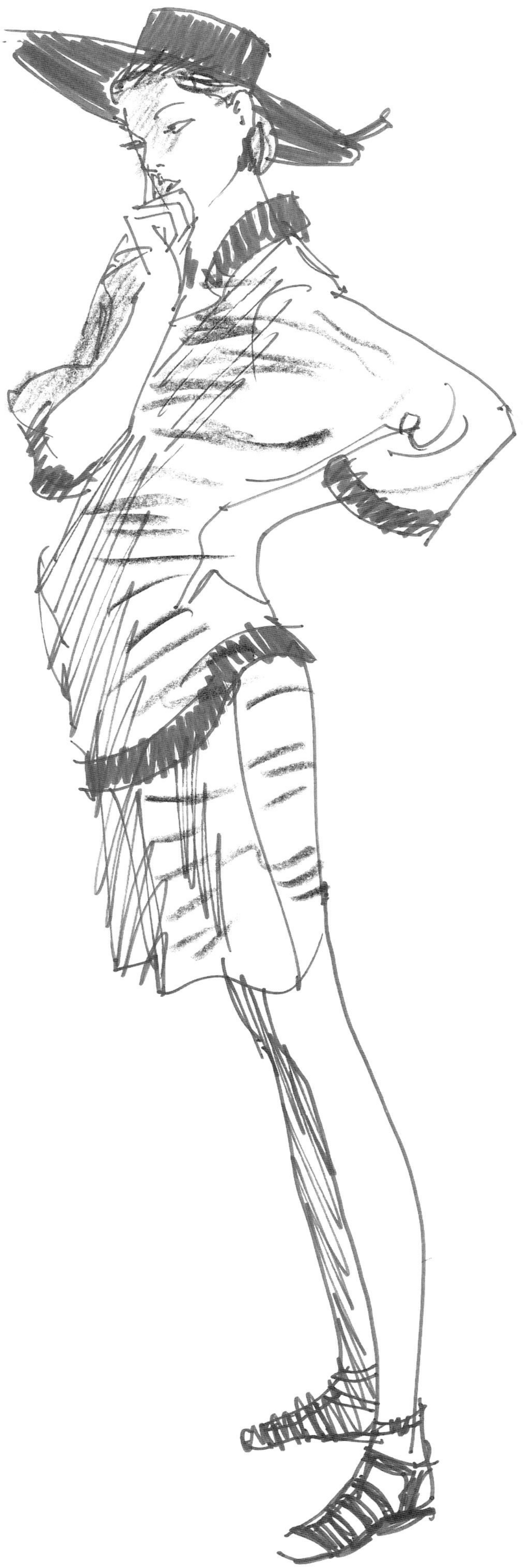

Das aber, Ausbildungsplätze, Studienangebote, Lernende und Lehrende –, ist ein großes Kapitel für sich. Warum hier mit wenigen Sätzen das Thema angerissen wird? Es sind die Skizzen, die Gerd Hartung von den Schülerinnen und Schülern im Laufe seiner Lehrstunden angefertigt hat, Skizzen, die als Arbeitsmaterial gelten, denn sie sollen den Studierenden jeweils zeigen, wie eine Stellung festgehalten, wie Ausdruck in eine simple Modeskizze gelegt wird, wie die Praxis im Fach Modegraphik für Presse oder Werbung aussehen könnte. Die Studentinnen und Studenten stehen in ihren eigenen „Klamotten" Modell, die Skizzen zeigen also zugleich Beispiele für die Art der Kleidung, die von jungen Leuten, an Mode interessierten jungen Leuten getragen wird. Schließlich aber gehört dieser Typ Zeichnungen in das breite Panorama, das die Lebensarbeit dieses Zeichners abdeckt, schnell, leicht, lässig, wie es scheint und doch pointiert aufs Blatt geworfen. Eine Lehrstunde, wie eine Skizze mit welchen Strichen, Schattierungen und Schwarz-Weißwerten Leben und Wirkung erhält.

11.6.89

Modenschau von Reiter-Schülern

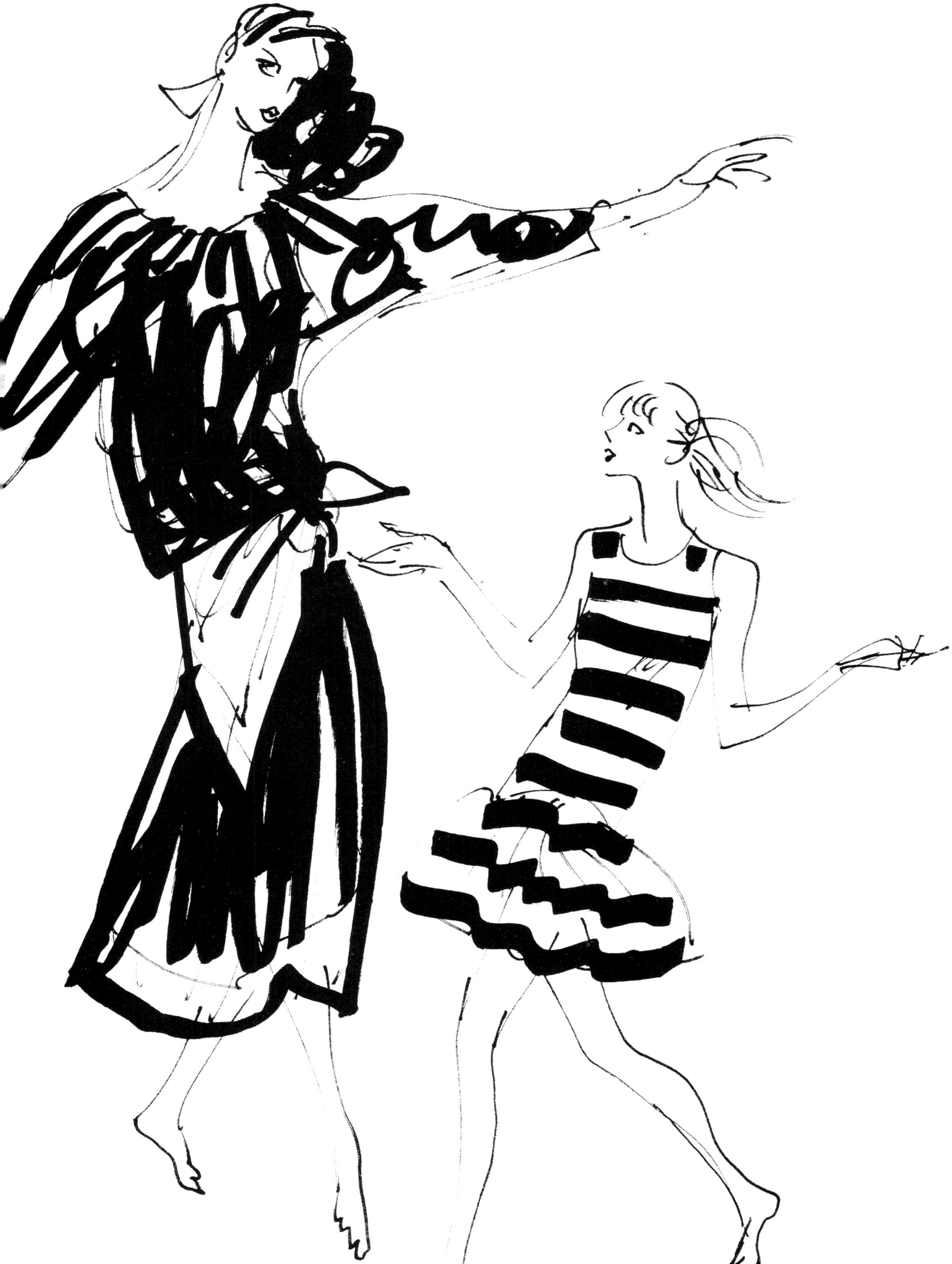

Alles Theater!

Mode und Theater haben, seit es sie gibt, in enger Symbiose gelebt. Zu Zeiten des Aischylos trugen die Akteure beiderlei Geschlechts die Gewänder der Zeit, es ist nicht bekannt, daß es Kostümbildnerinnen gegeben hat. Bei Shakespeare traten Schauspielerinnen und Schauspieler – abgesehen wohl davon, sie führten eines der antiken Dramen des Meisters auf – ebenfalls in der Mode ihrer Tage auf, mehr oder weniger prunkvoll, so hat man es sich vorzustellen. Heute nimmt das Fach Kostümbildnerei einen breiten Raum ein, seine Praktikanten müssen die Geschichte der Mode in allen ihren Zweigen beherrschen und ihre aktuellen Strömungen beobachten.

Die großen Schauspiel- und Opernbühnen haben ihre ins Haus eingebundenen oder frei arbeitenden namhaften Spezialisten für den Entwurf der Kostüme, die kleineren Boulevardtheater aber haben hin und wieder den Auftrag, die Garderobe ihrer Stars zu entwerfen, an ein Modehaus vergeben. So hat zum Beispiel Günter Brosda Kostüme für die Bühne entworfen, große Roben meist, und auch von Detlev Albers weiß man, daß er auf diesem Feld gearbeitet hat. Unbestrittene Favoritin der vergnüglichen Unterhaltungstheater am Kurfürstendamm aber war und ist Ursula Matthias-Alba, die unzählige Inszenierungen mit dem modischen Image des Tages versehen und die agierenden Damen mit neuestem Chic auf die Bühne gebracht hat.

Theater und Mode – Mode und Theater. Noch in anderem Zusammenhang lassen sich befruchtende Begegnungen beobachten. Eine zum Beispiel, die in „unseren", in diesem Kompendium skizzierten Themenbereich paßt wie nach Maß. Gerd Hartung, den Modezeichner, trifft man in fast jeder Generalprobe der Berliner Bühnen. Er sitzt mit Skizzenblock und Zeichenstift im Parkett, und wenn die Probe zuende ist, trägt er ein Bündel von Skizzenblättern nach Hause, auf denen er Wesentliches von Atmosphäre und Bewegung der Aufführung festgehalten hat. Hat es mit Mode zu tun?

Die Skizzen auf den folgenden Seiten zeigen Beispiele für Gerd Hartungs Theaterleidenschaft. Bewegungs- und Ausdrucksstudien, entstanden im dunklen Parkett während der Generalproben.

„Nein", sagt Hartung, „wenn ich im Theater skizziere, so sind das für mich Übungen des Auges und der Hand. Es sind die jahrzehntelangen und immer wieder notwendigen Übungen, eine Situation, eine Stellung, eine Bewegung, die Ausdruck hat – und im Theater natürlich haben muß – zu erfassen. Die Übung, diesen flüchtigen Augenblick mit dem Auge, mit dem Zeichenstift und gedanklich festzuhalten und in eben diesen Ausdruck zu übertragen. Wenn ich ein Modell skizziere, dann steht es bewegungslos in der gewünschten Position, ich zeichne sozusagen statuarisch. Aber auf der Bühne ist es der Fluß der Bewegung, der Augenblick, die Stimmung, die ich festzuhalten suche, und zwar im Dunkeln des Parketts. Ein Test für die Reaktionsfähigkeit von Auge, Hirn und Hand. Eine Herausforderung, der ich mich immer wieder mit Vergnügen und natürlich auch einem persönlichen Ehrgeiz stelle, denn diese Skizzen sollen demnächst in einem Band zusammengefaßt werden, ein Skizzenbuch aus dem Parkett des Berliner Theaters soll erscheinen."
Und so ist ein Werk entstanden, das zumindest hier in Berlin kein Pendant haben dürfte. Hunderte von Skizzenblättern, gezeichnet im Dämmerlicht der großen und kleinen Bühnen der Berliner Theaterlandschaft, der westlichen, da es anders nicht möglich war. Sie faszinieren den Betrachtenden mit ihrem flüchtig hingeworfenen Strich, der die Situation beschreibt und zugleich kommentiert, alle Spielarten der menschlichen Psyche hintergründig erfassend. Oft weiß man nicht, um welches Stück es sich handelt, die Skizzen müssen für sich selbst sprechen, da sie nicht als chronologische, bibliographische Theatergeschichte angelegt sind, was ein bißchen schade ist. Aber jedes Blatt ist eine Hommage an das Theater und die unerschöpfliche Vielfalt des menschlichen Charakters.
Alles Theater!

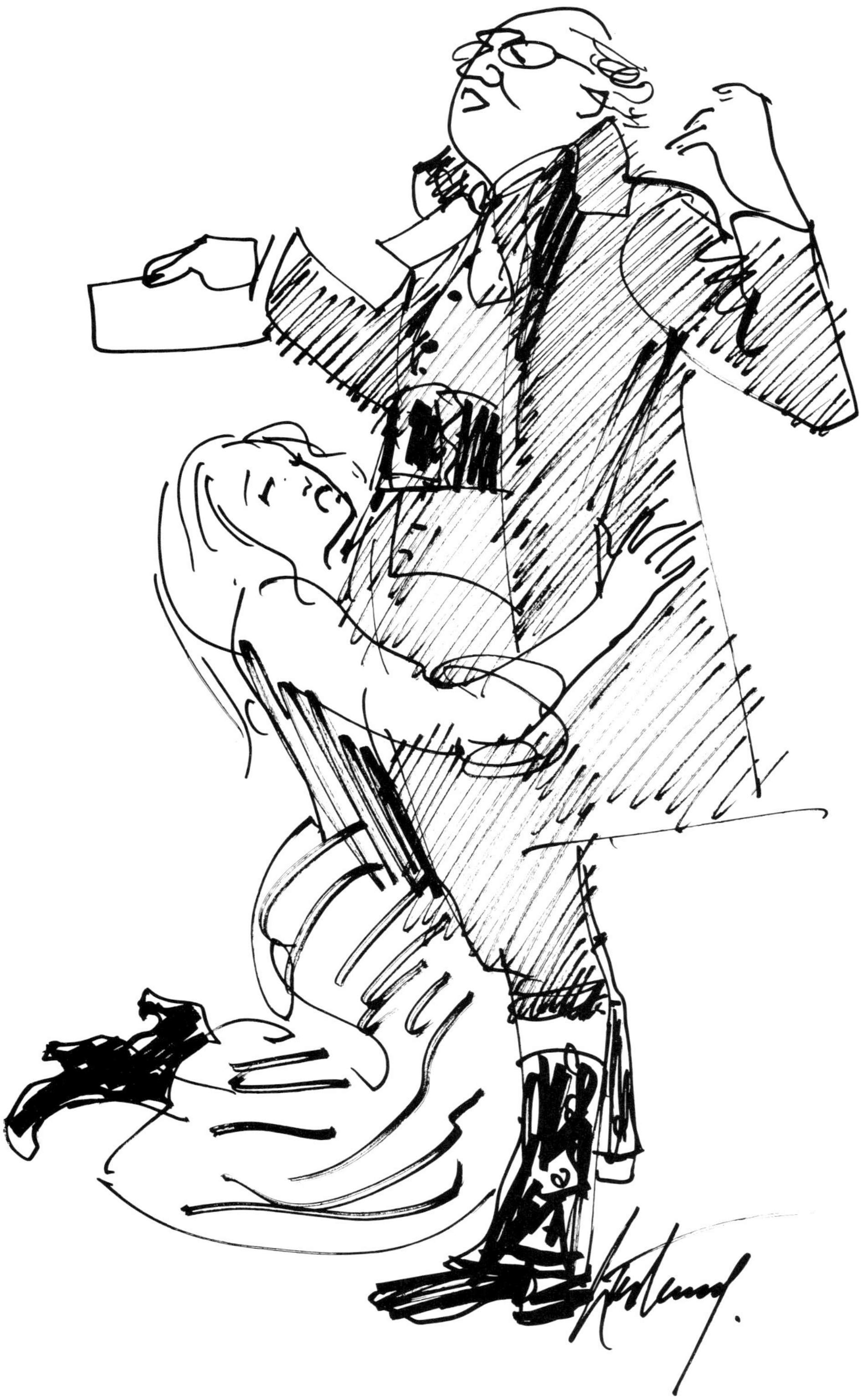

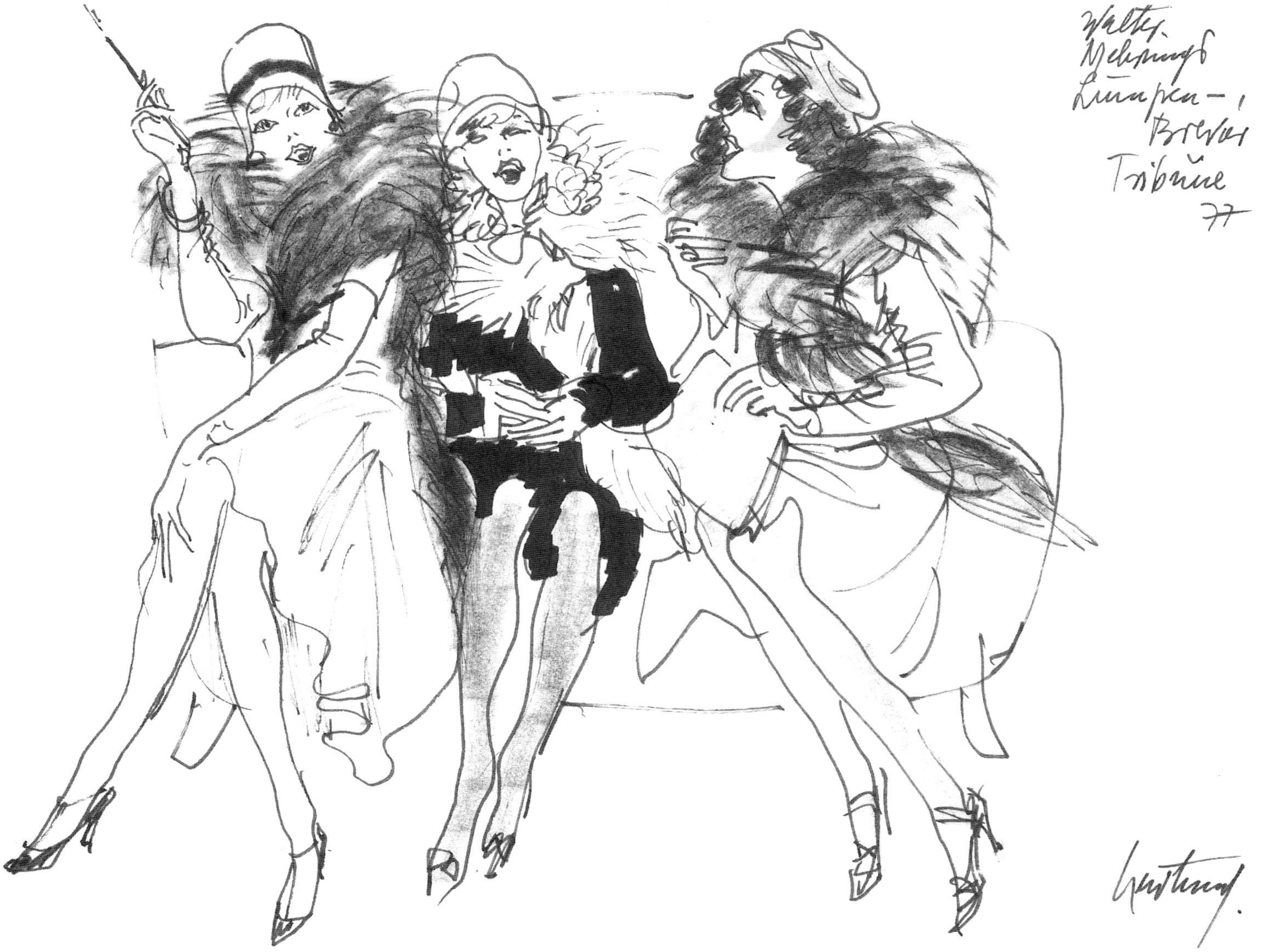
Walter Mehrings
Lumpen-Brevier
Tribüne
77

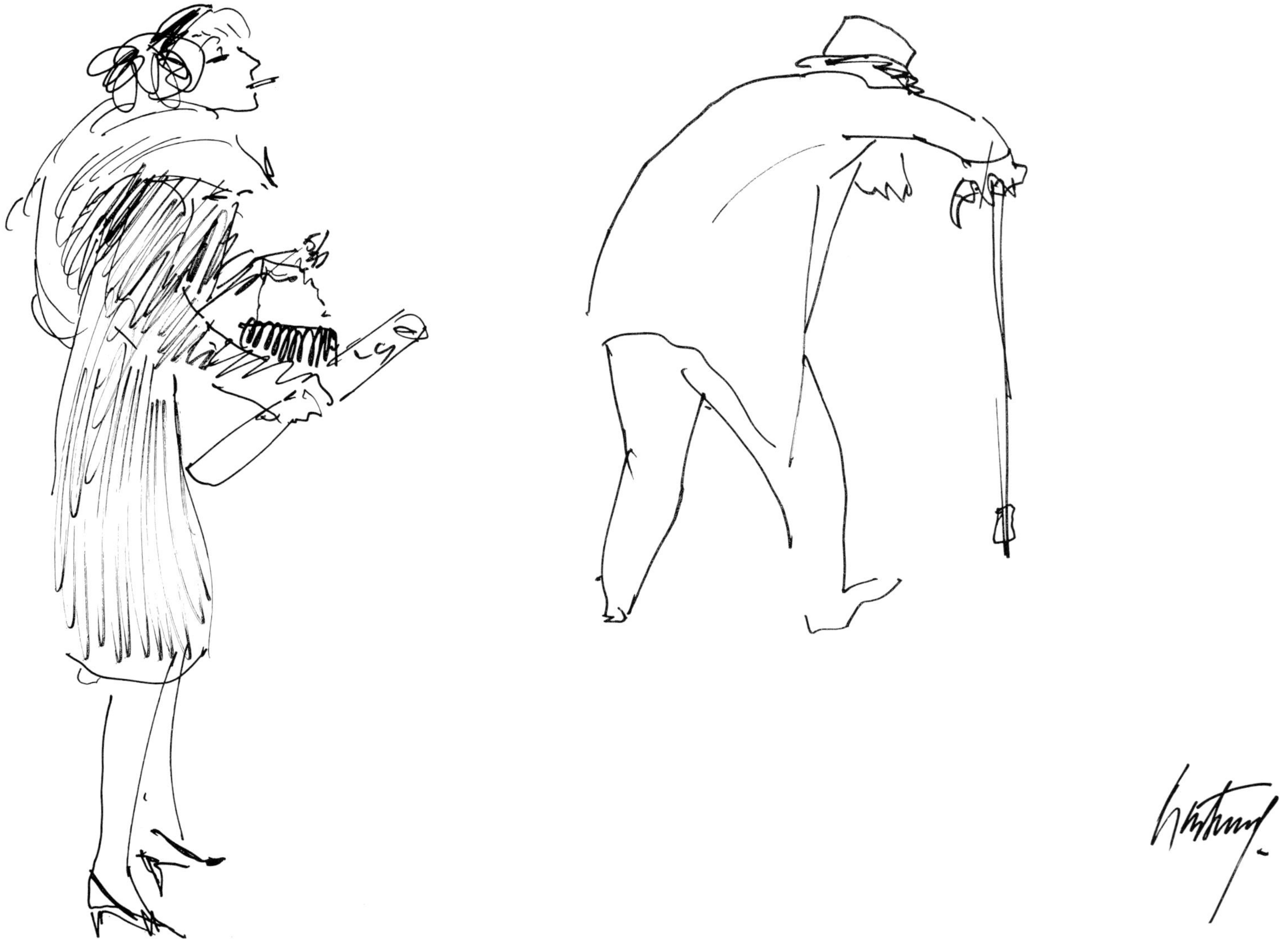

Der Mann der jünger wurde

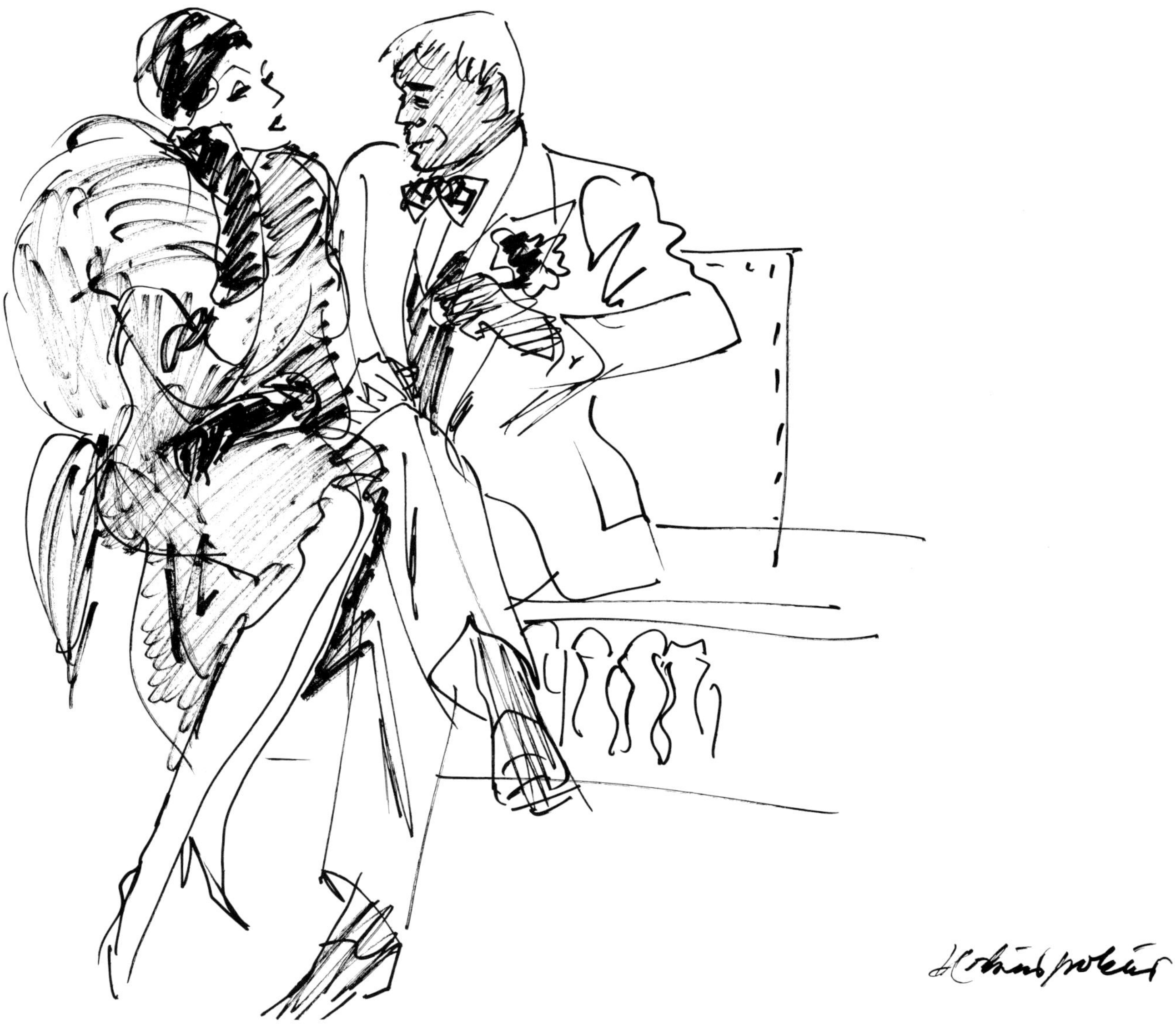

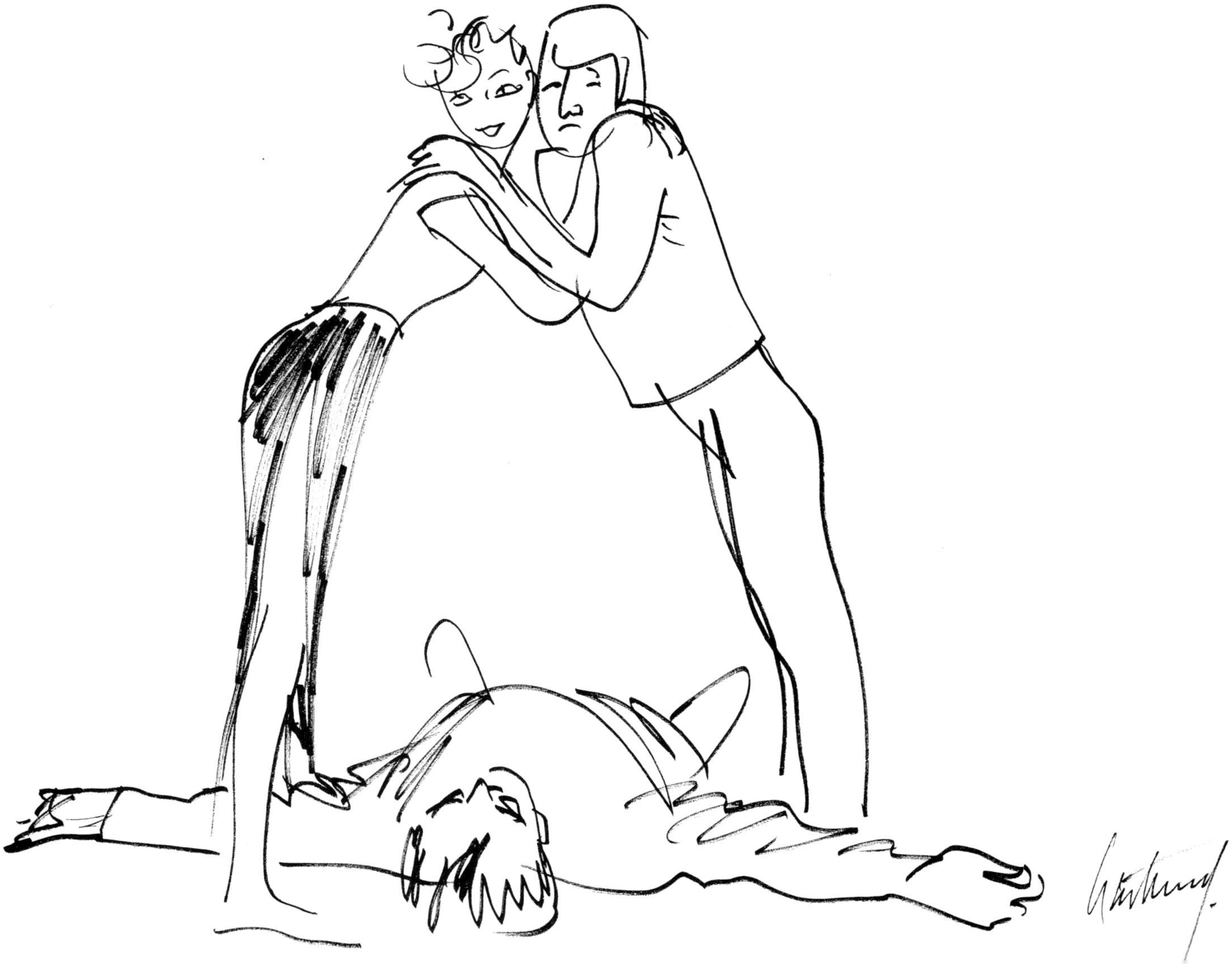

Cortum Schiller Th.

Kiss me Kate

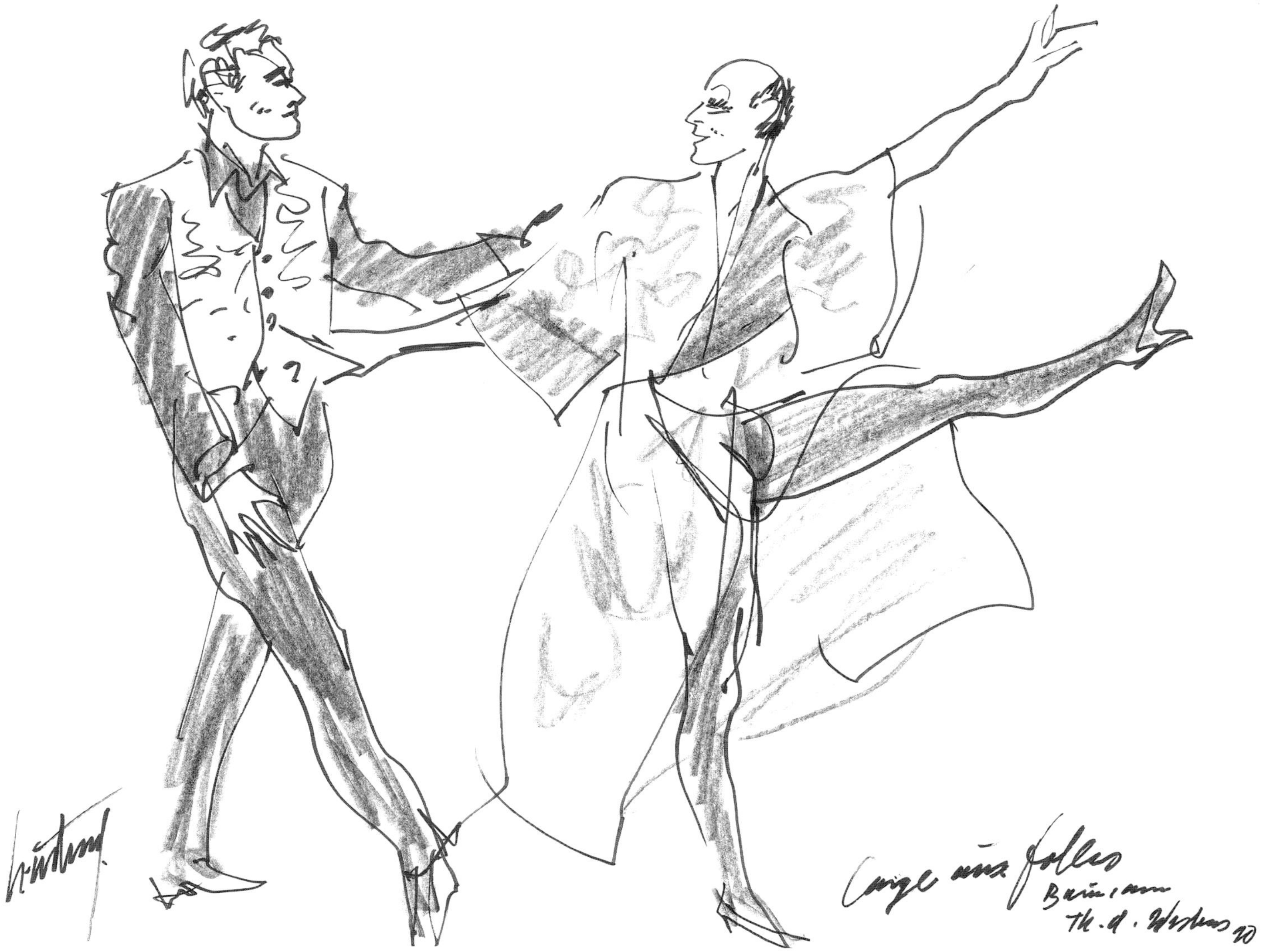
Cage aux folles

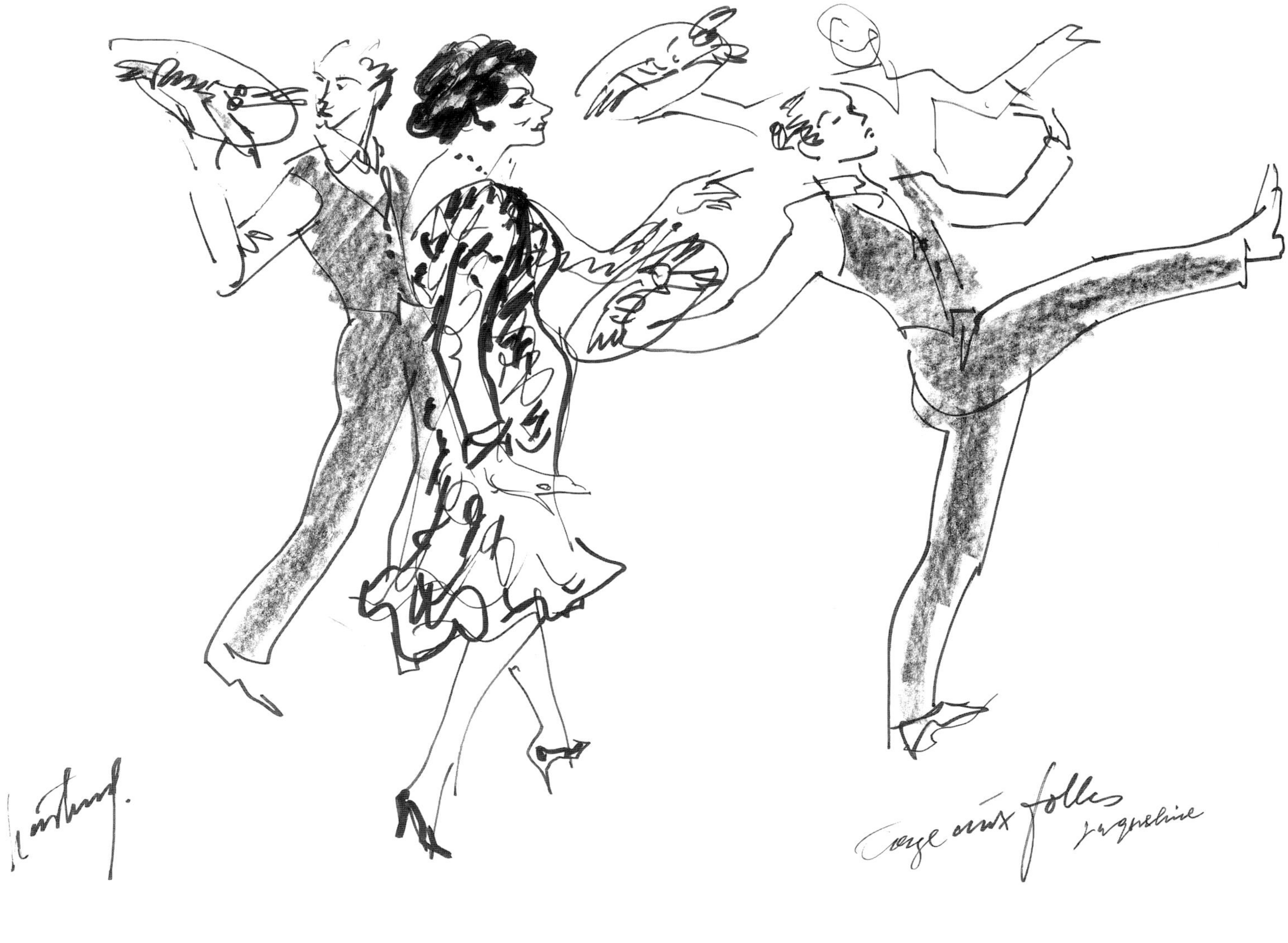
Cage aux folles

Rhapsody

Der Flaneur und die Perlmuschel

August 1990. Die Auster, das Gehäuse, in dem die wunderschöne Perle heranwächst, ist von außen ein bizarres, graues, an Sedimentgestein erinnerndes Gebilde. Dieses Bild fiel mir ein, als ich über den Kurfürstendamm und die Tauentzien streifte, um nach der Modestadt Berlin, nach Eleganz und dem besonderen Aroma des „Berliner Chic" zu suchen. Was ich fand, bei zunächst ziellosem Schlendern, bei der Wahrnehmung der Masse Mensch, die sich in unbekümmerter Neugier, mit unstillbarem Erlebnishunger und naiver Gedankenferne über den Boulevard schob, war die Schale der Auster. Bizarr in ihrer vielfältigen Farbigkeit von Senegalschwarz über Inkabraun, Apachenrot bis Sechuangelb und Grönlandweiß, in ihrer sichtbar zur Schau getragenen Abstinenz kultivierter Anwandlungen. Grau, wenn auch mit Bleichjeans und buntbedrucktem T-Shirt, in ihrem bequemen und beweglichen Rucksacktouristikambiente – was für ein Wort! Das Sedimentgestein des zu erlebenden Berlin ist im Sommer 1990 keine modische Offenbarung, Eleganz sucht man vergebens.

Auf den ersten Blick. Denn wenn die Auster sich öffnet... Aber zuvor noch dies. Das Jahr 1990 war nicht das Jahr der Eleganz in Berlin. Es war das Jahr der Eroberung durch die Massen, das Jahr des Staunens, des Wachsens an Weitblick und Verständnis, das Jahr des Kennenlernens und Tolerierens, doch auch mancher intoleranter Verbohrtheit. Ein Jahr, das in seiner Wesensart so absolut neu und zu bewältigen war, daß der äußere Schein noch keine Rolle spielte. Das Straßenbild war zwar von großer menschlicher und bekleidungstechnischer Vielfalt, aber der Flaneur mit dem Blick für das Ästhetische, für Eleganz, kam im Bad in der Menge selten auf seine Kosten. Berlin war geduldig und großzügig, seine Boulevards und Straßen waren allen Varietäten der menschlichen Art weit geöffnet.

Wer Mode suchte, wer pure Eleganz sehen und kaufen wollte, fand sie „im Inneren der Muschel". Sie bot sich hinter Schaufenstern an, hinter einzelnen blanken Glasscheiben vor einzelnen so exclusiven Modellen, daß schon dieses einzelne Stück in der Auslage den luxuriösen Charakter des Geschäftes erkennen ließ. Sie zeigte sich hinter ganzen Fluchten von großen Schaufenstern, mit denen Kaufhäuser zu erkennen gaben, daß sie Modisches anzubieten hatten und ihre Kunden quer durch die weite Welt der Eitelkeiten führten.

Der Flaneur fand im Inneren der Muschel die ganze Skala ihrer Möglichkeiten. Selbstverständlich konnte er, wenn es ihm beliebte, Yves Saint-Laurent rive gauche kaufen, und Armani und die wunderbare gleitende Eleganz der Missonikleider. Der Flaneur, weiblichen wie männlichen Geschlechts, fand alle bedeutenden Namen der modischen Szene, weltweit. Und er fand die noch nicht bekannten, fand amüsante, witzig herausfordernde, fand asketisch elegante Namen, die ihren Ursprung zwischen Berlin und Tokio, zwischen Helsinki und Paris, zwischen London und Rom haben. Hunderte von Schatztruhen der Mode in jeder Größe und Art stehen in Berlin, am Kurfürstendamm und in seinen Seitenstraßen, an der Tauentzien und in allen Stadtteilen rund um den Kern, die ehemals westliche City. Der Flaneur kann, und das ist sein besonderes Vergnügen, jetzt die Wege seiner Wanderungen ausdehnen. Er geht Unter den Linden spazieren und entdeckt die ersten Leuchtzeichen einer neuen Lebensform, er entdeckt die Linienspiele der Mode dort, wo über vierzig Jahre hin das Niemandsland des flatterhaften Vergnügens der Eitelkeit lag. Leuchtzeichen, die ankündigen, daß Berlin wieder eine ganze, lebendige, aufregende, wundervolle Stadt sein wird. Mode inbegriffen.

Die Welt der Mode zu Haus und zu Gast in Berlin. Bei Flair, einem eleganten Treffpunkt in der City, skizzierte Hartung ein Modell von Lagerfeld, Paris (links oben).
Rechts: Von Sonja Rykiel, Paris, stammt das Ensemble, das G.H. bei Bellmani entdeckte.

Die Dame mit dem Füchschen, die den Schlußpunkt unter diesen Bericht über die Mode in Berlin setzt, hat Hartung für ein Taschentuch entworfen, eines jener bunten Tüchlein, mit denen das Modellhaus Horn seine Pressegäste jeweils zur Durchreise-Premiere überraschte. Heute sind diese Tücher begehrte Sammelobjekte von Modefans.